从『人心』的视角研究历史，分析重要人物的心理，一窥『历史大势』的走向。

朱建军作品系列

中国历史名人的个性解读

朱建军 —— 著

北京师范大学出版集团
BEIJING NORMAL UNIVERSITY PUBLISHING GROUP
北京师范大学出版社

序

历史能因你而不同吗？

朱建军

历史能够因某个人而不同吗？

最初，人们凭直觉认为可以。

各个民族都有自己的英雄史诗类的故事，故事中那个伟大的英雄，以他的勇敢，智慧，高贵的品质，征服了世界，也征服了人心，至少征服了他本民族人的心。每个民族都认为他创造或改变了本民族的历史，是因为他，自己的民族也有了辉煌的历史。藏族有格萨尔王，英国有亚瑟王，蒙古人有成吉思汗，而在汉族人心中的英雄则是一个"哲学王"——孔子。董仲舒感叹说："天不生仲尼，万古长如夜。"意思就是说，如果没有孔子这个人，我们的精神世界就会像黑夜一样暗淡无光。这当然是认为有没有孔子这个人，对中国历史大不一样。

但是，后来的一些学者有了不同的看法。他们发现，与其说是英雄创造了历史，不如说"英雄"顺应了历史发展的趋势。历史发展有一定的规律和趋势，那些了解这个趋势的人，可以顺着这个趋势行动，从而获得个人的成功。看起来这似乎是他们个人的成就，实际不过是自然的发展。这也就是我们小时候学习的历史观："历史车轮不可抗拒。"实际上，回过头来看，这个看法也不是近代学者的创新。比如，我们中国古人说的："天下大势，分久必合，合久必分。"这也可以说是一种"历史趋势论"。早在孔子四处奔波试图救世的时候，就有隐者告诉他天下大势已定，不必白费功夫。而以后的每个朝代，都有人用"天数"这个词来表达他们心目中的一种历史的自然发展趋势。例如，明代崇祯皇帝勤勤恳恳地治国，但还是不幸亡国，就被他自己和其他许多人看作"天数"。

这个莫名其妙的"历史大势"或者说"天数"又是怎么来的呢？

有可能，是受到人类社会之外的因素影响。比如，刚刚说过的崇祯亡国，一定程度上就和自然界的天气周期变化有关——我们发现，气候有数百年为时间单位的长期波动，而一般规律上，每当气候变冷的那些年，中国北部的少数民族就比较容易进犯中原并成功。这也许是因为天比较冷的那些年，中原粮食减产，容易导致饥荒，使得中原国家的国力下降。崇祯刚好赶上了一个寒冷期。

也可能有人类社会自身发展的规律。这个规律也许不取决于人的精神心理，只和人的经济生活等有关，比如，"生产力"的发展影响历史。我们知道，人类学会使用石器、青铜器、铁器，以至于近代学会利用化石燃料石油和煤，学会使用电力等，都深深地影响了人类社会的发展。

还有一个很重要的因素：人类群体的共同愿望和思想，也是决定"历史大势"的因素。

这个因素可以称为"人心"，比如，史学家钱穆指出，秦统一中国符合当时多数人的"人心思定"的意愿。

一个人的历史，当然受这个人的心理影响。一个家庭的历史，则受家中每个人的心理影响。一个民族和社会，虽然从规模上比一个家庭要大无数倍，但是，也一样要受到构成这个民族和社会的人的心理的影响。

从这个角度看，每个人可以在这个"群体"中贡献微小的一点意见，并因而对历史的发展产生一点影响。历史会因我而有不同，但是只是非常小的一点不同。就像西方选举时，谁当选总统和每个人都有关，但是你对谁当选总统的影响不过是几亿选票中的一张那么大。

一个人对历史的影响能有多大，要准确回答这个问题还需要更多的研究。不过，从现有的研究结果来看，似乎比较可能的答案是这样的：影响历史发展的，有各个层面的各种因素。从自然层面到社会层面，从个人心理到团体心理都对历史有影响。

我们直观上看到的是：一个历史上的重要人物，对历史的影响要远远大于一个普通人。我们也都知道，这个人之所以能成为重要人物，也是和当时时代的因素有关。英雄造时势，而英雄又是时势所造。既然英雄是时势所造，是不是说这个人的个人因素和个人影响实际并不重要呢？并非如此，重要人物和时势之间，可以有一种交互作用：某种时势在一定程度上，决定了那些人可能会成为重要人物，而这些人成为重要人物后，会反过来对时势有很大的影响——往往是强化那种时势。用一个不完全恰当的比喻，时势仿佛是一根小提琴的琴弦，它决定了发出什么样的声音。而重要人物如同小提琴的共鸣箱体，有了这个共鸣箱体，琴声才能传得很远。有的人是好的共鸣箱，那他对历史就能有很大的影响。"好共鸣箱"个体，对历史的影响，绝对不是那"一票"大小，也绝对不是可以把他的影响仅仅归因于时势。比如，我们可以说，以民国时期的形势看，就算没有毛泽东，也会有张泽东、杨泽东。但是，历史选择了毛泽东，和选择张泽东、杨泽东，一定不会是一模一样的。毛泽东这个强有力的共鸣箱体，一定使得历史因此有了不同。

更何况，在任何一个时代，时势都不是只有一个发展方向。时势可能包含着一两种或两三种主要的可能发展方向，而不同的重要人物可能是"对不同的频率更能共鸣的共鸣箱"。这样，不同的重要人物的影响力大小，可能对历史发展方向有一定的影响作用。历史不可能任意由重要人物决定去向何方，但是，在很可能被选择的不同几个方向中，重要人物的影响可能会使得历史选择了某一个特定的方向。而选择了这个大方向后，重要人物的个人因素还会让历史的某些细节因他个人而改变。

我想到的一个例子，是臭名昭著的希特勒，他总结自己经验时，说他的演讲之所以能够吸引人，是因为他善于在演讲时观察听众的表情，并据此来修改自己的演讲。因此，希特勒的演讲——以及他以后的政策——实际上都不是他一个人的意见，而是代表了当时德国很多人的共同意见。这些人的意见，因为有了希特勒这样一个有影响力的代言人而被强化了。德国也有其他可能的方向，不过，由于希特勒个人的影响力，德国选择了希特勒的方向。

在中国古代社会，因为权力是高度集中的，而最高权力的掌控者皇帝是谁，又是有很大程度的偶然性的，因此，皇帝的个人特点对国家的影响也是很大的。或者，某些偶然获得了类似皇帝的独裁权利的人，权倾朝野的太监、后妃或者大臣，也对国家影响巨大。他们不可能改变历史的基本方向，比如，一个皇帝不可能让中国的社会制度发生巨变——光绪的遭遇就是例证——不论是好皇帝还是坏皇帝，是隋炀帝还是唐太宗，本质上都是一个专制者，统治着一个专制帝国，并遵守着大致相同的文化要求，但是，他们的不同足以让历史的具体面貌有很大的区别了。

因此，研究历史中的个人，研究这些个人的心理，也就是有意义的一件事情了。

在历史的转折点上，在两种文化都有很大影响力的时代，刘邦、项羽、韩信、张良等人的心理，决定了历史的方向。谭嗣同的心理，也对时代心理有相当大的刺激。

在历史延续的时代，李世民、武则天、朱见深、曹操的个人心理，则决定了一段时期社会的繁荣与否。而分析苏轼、黄庭坚、李世民和萧绎等人在书法活动中的行为，也可以小中见大，让我们看到中国文化中的不同层面。

这样研究，虽然粗浅，但是也还值得一看。

我的学生也为本书做出了贡献，本书中由学生写作，经我修改完成的文章，文后标注学生的名字。他们是齐亮、刘宪、许阳、温祺、程杰、王娟、郑玉虎、史晋，对他们的工作表示感谢。

目 录

1

分析历史人物的方法论

在历史的某个时刻，某个人物做了一个决定。

为什么他会这样做？

我们可以根据种种资料做出推测，但是，真的是这样吗？

每个人的价值观不同，看世界的方式不同，做事的准则不同，性格倾向性不同，我们怎么知道什么事情会如何影响他？一个行为可以由非常不同的动机驱动，我们又怎么知道，是什么动机驱动了这个人。更何况，人的行为可以在潜意识中有一个动机，这个动机甚至连他自己都不知道，我们又怎么能知道？

如果我们用常理去推断——但是历史中的特殊人物，往往是不合常理的人物，是与多数人不同的人物，这种推断怎么保证靠得住？就算我们有心理学理论，要知道这些理论也是某些人所创造的，焉知不是"以某心理学家之心，度另一个完全不同的历史人物之腹"？

严格地说，这个问题是无解的。

但是如果我们不那么苛责自己，我们还是可以保证一定的可靠性的。

基本的方法论就是：给出一套解释，只要这个解释能够自圆其说，我们就相信它有一定的解释力和可靠性。所谓自圆其说，术语就是自洽性。如果连自圆其说都达不到，这个解释的价值就很小了。

比如，我们说吴三桂没有投降李自成，是因为他"一怒为红颜"，恨自己的爱妾陈圆圆被夺走。那么，我们就需要有进一步的辅证，证明吴三桂对陈圆圆的感情确实特别深厚，或者证明吴三桂有特别的原因对被抢女人极度受不了。如果我们发现情况不是这样，那这个解释就未必靠得住。

当然，仅仅自圆其说，也只能说它有"一定的"可靠性而已。能自圆其说的解释，也有可能是一个圆得很好的谎言，一个牵强附会的说法。在同样能自圆其说的解释中，我们还可以做比较和选择，选择那些看起来更不牵强的解释。

另外，当事人自己，会对自己的行为有一个解释；和当事人有关的人物，也会对他的行为有一个解释。这些解释，我们可以参照。不过，我们要分析当事人以及相关人物，从他们的身份、他们说话的场合等，判断他们的动机，从而判断他们的话是不是真心的，多大程度上是真心的话。这和法庭上，我们是不是采信某个人的证言，是一个原理。

对影响一个人的种种因素，我们可以进行研究。

这里可以用到我们心理学所积累的一般知识。比如，我们可以分析社会文化层面的因素对人的影响。比如，明末为什么有很多人自杀殉国，这和中国儒家文化中所谓"杀身成仁"的观念有关。我们可以分析家庭环境对人的影响。为什么刘邦失败了狼狈逃窜不觉得很丢脸，而项羽失败后却"不肯过江东"，田横还有小官可以做的时候也要自杀，一个原因是因为项羽、田横是贵族家庭出身。童年生活对人的心理有影响。比如，秦始皇童年的不幸，也许是他不信任别人的原因。群体对人心理有影响，所以义和团的人会相信可以刀枪不入……

但是，人是有自由意志的，所以，并非他行为的所有原因都可以从这些因素中推出。同样是童年被虐待的孩子，可能长大后成为一个虐待狂，也可以成为一个反暴力者。我们可以从过去推断，他成为这两种情况的可能性比一般人大，我们甚至有可能算出他选择做虐待狂或反暴力者的概率分别有多大，但是，究竟最后他会如何选择，我们还是不可能完全知道。因为在他内心中有两种力量在争斗时，最后决定怎么做的是他自己的自由意志。尤其是两方的力量接近势均力敌的时候，只有自由意志才能决定最后的结果。

但可以有自洽的事后解释，从中判断自由意志做了什么选择。

因为他的选择会决定他的行为，而这个行为会带来结果，这个结果我们大家都可以看到。

不过，自由意志的影响因素有多大，我们不可能精确界定，所以自由意志做了多少选择作用也不可能确定。我们要满足于大致的确定。

当然，做这一切分析的前提是资料的可靠性，这个必须要认真考虑。如果我们所采用的资料是不可靠的，那么我们的所有分析也都只是建筑在沙地上的楼房了。

孔丘和嬴政

——简要分析两个不同的中国人

之所以要把这两个人放在一起，是因为他们是当今中国文化的两个最合适的代表人物。

中国近两千余年的政治，其基本格局，叫作儒法相表里。中国传统中当然不止这两家，甚至在有些领域中，最有影响的也不是这两家——比如，中国的出世间的、宗教性的生活中，更有影响的就是道家，以及后来融入中国文化的佛家。但是，在世间生活中，上到政府中心下到民众，受到的影响却肯定是以这两家为主。儒家的创始人和精神领袖一直是孔子，而法家实践中最纯粹的、最辉煌的成功是发生在嬴政身上，所以，这两个人是最合适的儒家和法家的代表。了解这两个人，有助于我们对中国文化的基本格局有一点点认识。

本文并非仅仅是文化散文，而是心理历史学的实践。此种研究方式，也是我所用心理历史学的方法，可称之为"范例分析方法"。这个方法的基本程序，就是先选择代表性的范例，然后通过分析此范例，来对整体的国家民族有一个理解。这个方法是不是能较为有效地发挥作用，要点之一是选择范例恰当，之二才是分析恰当。

刚刚我说这两个人是恰当的儒家和法家的代表，是不是恰当呢？儒家用孔子作代表，估计不会有太大的异议。儒家创始人的身份，是最重要的理由。还有一些理由是，后世几乎所有的儒家，都依旧认可孔子的儒家思想的正统地位。后世的大儒虽然会在一些方面有所发展，但是都承认自己的思想只是孔子思想的进一步阐发和应用，没有人认为孔子的思想核心是后世儒家改变了的，因此，在思想上孔子自然是可以代表儒家。在个人的人格上，孔子也是儒家精神的代表。他的行为也是后世所有儒家的典范。所以，他做儒家代表估计不会有异议。

但嬴政作为法家的代表，也许有人会有异议。毕竟法家并非像儒家一样，是由单独的一个创始人所创立。申不害算不算法家思想的代表？韩非子比嬴政更系统地懂得法家的理论？商鞅在很早就实践了法家的思想，而李斯也是嬴政的政治活动中的实际操作者。为什么我这里要用嬴政作为代表人物呢？我的选择有几个理由。第一，法家是高度实践性的思想。如果仅仅是法家思想家而实践不够，那我们分析他的人生就不是很有意义。因此，申不害甚至韩非子也许都不能作为最合适的代表。后世的法家人物，往往又都会比较伪装，而不是公开明确地展示自己的法家身份和态度，因此，他们作为分析的样本，也许不是那么合适。有些人的生平我们知道得非常之少，比如申不害，那做心理历史分析也没有可操作性。综合这些考虑，我认为嬴政是比较合适的法家代表。

先分析一下孔子的生活经历及性格特点。我们会看到这些对他的思想发展有影响。但如果我这样分析，可能有人会觉得我给历史赋予了太多的偶然性。让人们相信，一个叫孔丘的人个人的生活，会对两千多年来亿万中国人都有影响——我们很难相信历史如此偶然。

　　我这样回答这个问题：一方面，应该说一定程度上，历史选择了孔子，就是因为孔子具备某些心理特点。因此，虽然看起来孔子的特点对中国人有很大影响，但是一定程度上也可能是，中国人需要这样的影响所以选择了孔子。另一方面，我觉得孔子的个人特点，也可能的确会在具体表现形式上，对中国人真的有很大影响。虽然多数读者已经知道了，但考虑到少数读者也许不十分熟悉，我先简单说说他的生平。

孔子讲学图

　　孔丘，又叫孔仲尼——后代人尊敬地称其为孔子——是殷商贵族的后裔，但是殷商已经被周朝取代，他的家族也已经不再是贵族了。孔子的父亲名叫叔梁纥，是一个非常著名的武士。据说是个大力士，而且武功超群。他在战斗中曾经立下过很大的战功。他六十多岁时生下了孔子。孔子的母亲当时好像是十八岁。有记载说孔子实际上是私生子，但是后世的儒家弟子觉得这好像是个羞耻的事情，所以都不愿意承认孔子是私生子，解释说只不过他的母亲并不是他父亲的正妻。历史记载未必可靠，所以我们也很难得知确切的情况。在孔子刚刚三岁的时候，他父亲就去世了，所以孔子一直是生活在单亲家庭中。

孔子年轻时做过很多不同的工作——如果不是因为父亲过世，也许他不会去做这些工作。因为在当时人们看来，那些工作是不适合贵族后裔去做的。例如，儒家的"儒"这个字是古代的一种工作，大体上可以说是葬礼上的主持这一类的。

但是在这些工作中，孔子的能力得到了多方面的训练。他是一个非常好学的人，一方面自学，一方面也在生活中学习。天赋和努力，使得他成了一个非常不一般的人才。这之后他开始私人办学。而他的教学成就斐然，声望也越来越大。

他形成了自己的思想体系后，一方面通过教学去传播；另一方面他也很想用自己的思想去影响各国的国王。他一生中花费了很多时间精力去向各国国王宣讲自己的理念，试图找到一个机会去实践自己的理念。除了在鲁国短时间做了有实权的官员外，大多数时间他是没有机会去实现自己的理想的。但是他的思想的影响，却越来越大，最后成为中国文化中最核心的思想。

孔子的人格特质，在后世中国人看来是完美无缺的。对于做心理研究来说，说一个人完美无缺，反而很难去研究其特点了。不过，好在中国人并没有把孔子神话化，所以我们还是可以知道他的一些性格。从《论语》中的一些只言片语，我们也可以看到他的性格。他的弟子说他是"看起来很严肃，接触后发现很温和"。这个描述和他在《论语》中所展示给我们的大致差不多。他是一个很理想主义的人，有信念、坚定、很有社会责任意识，所以显得比较严肃也很正常。而孔子很注重自己品格的修养，从而也符合所谓"谦谦君子，温润如玉"的要求，接触他的人觉得他很温和、很合理。大体上他的性格可以说很乐观、积极、勤奋、好学，时而也很幽默。

从心理学角度去分析，影响一个人的性格的，无非是天赋、环境和自我塑造。但能够真正自我塑造的人是比较少见的，多数人以为是自我塑造和自我决定的那些部分，实际上依旧是被潜意识中的那些因素所决定的，只不过他自己没有意识到是被决定的而已。而潜意识中的那些影响因素，也不过是天赋或环境的因素。这一点精神分析心理学言之甚详。因此，一部分心理学家会认为，人说到底不过是天赋和环境的产物。但是，有些自以为是、自我塑造的人实际上不是自我塑造的，并不意味着所有认为自己能自我塑造的人，都不是自我塑造的。就像说，我们可以用魔术演出一种假的特异功能，并不代表世界上所有的特异功能都是魔术。孔子应该是少数能自我塑造的人。

我们今天没有可能直接对孔子作心理、生理测量，对于其天赋我们只能出于估计。他的身体遗传应该是很好的，毕竟其父亲是极为强健的武士，而且根据记载他的射御（箭术和驾驭战车的技术）都是一流的。心理上，智商显然是非常高的。

后天方面，单亲家庭这个环境应该对他的影响比较大。

孔子三岁时其父亲去世。按照心理学研究的成果看，三岁这个年龄对于一般儿童来说，正是一个要处理和父亲母亲关系的重要时期。这个时期他和父母的关系建立得如何，直接决定了他对"人际关系"的基本态度。这个时期父亲去世，对儿童肯定会有心理影响。

有的孩子如果在这个年龄丧父，可能会因而失去父亲的榜样作用，从而变成那种"妈妈的长不大的小儿子"。但也有另一个可能，那就是这个孩子因为丧父，反而让自己变得更成熟，更负起责任来。从孔子的性格看，他当然是属于后一种。

这种孩子在缺少真实的父亲作为榜样或者支持者的情况下，怎么能做到这一点呢？我认为这靠的是用想象中的父亲作为替代。孔子想象中的父亲，就是周公。我们可以看到孔子终生都把周公作为自己的榜样。因为周公是"礼"的化身，所以，我们甚至可以说，一定程度上孔子终生研究礼，克己复礼，致力于推广那始于周公的礼乐文化，并创立儒家学说，都可以看作一种对精神父亲周公的礼敬，看作一种认同周公的行动，或者看作和周公建立精神上的联系的一种方式——因为失去了父亲，所以终身在追随精神父亲。

还有一点，因为没有接触到现实生活中的父亲，一个现实中有优点也有缺点的父亲，他多少会对父亲有一定的理想化。他很难想象父亲的缺点。这对他的影响是，他对所有类似父亲的角色比如国君，也都会有一些更积极的幻想和期盼。

另一个他的环境中的重要因素，是他的父母之间不是一种"合乎名分"的关系。即使不是私通，也不是正妻。我相信这给孔子带来了一些困扰。我怀疑孔子对于"正名""名分"的高度重视，也许会和这个人生经验有一点关系——当然不能全归结于此。

孔子年少时，家庭的物质生活条件比较差。贫穷对人的影响往往也是两极的，有些人因贫穷而放弃了远大的志向，为了让自己富有起来，也愿意放弃尊严。但是对另一些人则相反，他们学会了如何不被物质的贫穷所限制，学会了在贫穷中保持自由与尊严，学会了在物质的贫穷中保持精神的快乐。这就是所谓"穷且益坚，不坠青云之志"。孔子表扬他最欣赏的学生颜回，说的也是颜回可以在物质极其贫困的状态下，还可以保持快乐的心境。这也许就是他自己的经历所带来的影响。

环境中最重大的影响，也许就是母亲养育他的方式。但遗憾的是对此我们没有足够的资料。不过，如果我们从孔子的发展状态来倒推，我们估计很大的可能是，他的母亲给了他足够的爱和关怀。这给了孔子心理能量，而他适当地运用了这些能量，从而建构起了一个非常卓越的人格。

当孔子成年后，在讲学的同时，他也一直在修养自己。当他已经有足够的自我觉察力，以及足够好的心理素质后，他就可以超越被天赋或环境决定的状况，而进入可以自我塑造的阶段。这之后，他所做的"克己复礼"等自我修养行为，就可以使他"变化气质"，越来越成为他自己所选择成为的人。最终，他成就了自己那近乎完美的人格。

总的来说，任何挫折性的环境，对人的影响都是双向的。它可能会挫败一个人甚至毁灭他，但是如果这个人没有被挫败，那么，这个挫折性的环境反而会锻炼这个人，使他更为强大。孔子就是后一种情况，因此，儒家经常会说的一句话就是"艰难困苦，玉汝于成"。

经由他的理论和教学，孔子对中国人产生了很大的影响，中国人身上的"儒家性格特点"，可以说很大程度上源于孔子。我上面说过，孔子年幼时家庭面临着一些困难，他用自己的负责的态度和行为面对，从而成为一个很有责任心的人。儒家性格也带有这样的特点，那就是所谓"士不可以不弘毅，任重而道远"。在儒家精神熏陶下成长的人，多多少少都会"以天下为己任"。

孔子以周公为精神之父，而后世的中国人中很多人以孔子为精神之父。这给中国人带来的影响包括尊师重教、热爱学习、敬重老人等。以孔子为精神之父，也让许多中国人对孔子的仁爱、孝悌、礼仪等观念表示认同并在生活中实践。这使得传统中国有一种浓浓的亲情的暖意，并成为中国人天伦之乐的源泉。中国人安身立命于此，享受生命也在于此。当然，我以前也提到过另一面，因为孔子对父亲有理想化的幻想，所以他对像父亲角色的君王也有一定的幻想，这可能是后世中国人过分服从君王权威的原因之一（不是全部原因）。

孔子非常重视礼的作用。这使得中国成为"礼仪之邦"。古代中国人的高素养，也源于此。当然，另一方面看过度地重视礼仪，也许会对人的天性自由发挥有一点阻碍作用。

孔子其实并不拒绝财富，不轻视财富，他明确地表达过这个态度。儒家的原则是："素富贵，行于富贵；素贫贱，行于贫贱。"但是也许因为他出身于较为贫寒的家庭，弟子们更多地在他身上看到的是如何坦然面对贫困，而没有在他身上看到如何坦然面对巨富。因而，后代儒家多多少少形成了一个偏差，就是对财富有轻视，善于安贫乐道，不善于安福乐道。在近代中国，当我们接触到"资本主义社会"的时候，我们发现这一点给中国人带来了一些困扰。

《圣迹图·孔子退修诗书》

孔子也许并不是那么完美，他带来的影响更不一定完美，但是我们中国人实际上不可能"清除孔子的影响"。因为他的精神已经融化到中国人的血脉中去了。他就是中国人的精神父亲。生活中，我们稍微有一点心理学的训练，就可以看到：一个人不论多么不同意他的父母，他都会发现他自己身上受到了父母极大的影响。哪怕你反对你父母的某些做法，但是你可能会不自觉地以一样的方式去做事。我们生活中和自己的父母之间是这样，我们中国人作为一个整体和孔子之间也是这样。更好的做法也许是，对孔子带来的积极的、我们希望继承的那些特点，就好好继承；如果有些地方真的需要调整，可以在对之充分理解的前提下，再缓缓地做出调节。

嬴政和法家给中国带来的影响，我认为构成了中国人基因中最病态的部分。嬴政的心理就是病态的，这种病态心理使得他更容易接受病态的思想，从而建立起病态的制度，影响到以后两千多年的中国文化。

嬴政的身份和孔子也有相似之处，他的身份也是贵族后裔，但他的早年人生却更加充满了痛苦。

嬴政

我简要重述一下大家都知道的故事：当时各国之间战争频繁，因此，那些签约互不侵犯的国家，都需要有个保证守约的约束。这个约束就是人质制度。双方国王各把一个自己的儿孙送到对方国家做人质，这样，万一那个国家发动战争，另一个国家就可以杀死这个国王的儿孙。

虽然有这个人质的约束，但是国王们未必就不发动战争了。如果战争的利益足够大，那么牺牲一个儿子也是可以接受的。国王们儿子的产量总是比一般家庭多很多了。因此，被当作人质的儿子，往往都是国王不大在意的那个。

子楚被送到赵国当人质的时候，秦国的国王是他的爷爷秦昭王。他父亲安国君有二十多个儿子，也很不在意这个儿子。子楚到赵国当了人质后，秦国照旧和赵国打仗，完全不在意子楚的死活。好在赵国发现了这一点，也就不打算杀了子楚了，因为这样不受宠的孩子，杀了也没有用。因此，子楚就在赵国这样活下来了，我们可以想象他是生活在多么缺少爱的氛围中。自己的家庭抛弃了自己，而身边的人都是敌国的人。而且，还很穷。

一个"风险投资商"吕不韦改变了子楚的命运，他决定投资给子楚。他出钱去秦国宫廷中去行贿，为子楚争取继位国王的机会。他希望子楚继国王之位后，他就可以获得这个国家最大的实权。他成功了，最后子楚成为国王，而吕不韦也成了大权在握的相国。

就如同一个八卦的电视剧一样，这个故事中不能没有女人。在吕老板和子楚公子的故事中，女人就是嬴政的母亲赵姬——据说她本来是一个名伎，色艺双绝，善于歌舞。吕老板作为成功的商人，当然就把她收归己有了。当子楚和吕不韦刚刚开始他们的事业时，子楚有机会看到了赵姬的歌舞，于是一见钟情——连个老婆都娶不起的他，看到演艺水平这么高的美女，当然马上成了她的迷恋者。（当今叫作脑残粉）于是他向吕不韦提出想索要这个女人。吕不韦一开始可能很生气，"你吃我的喝我的，用我的钱去拉关系，还想要我的女人？"但转念一想，为了事业何必在乎一个女人？于是就把赵姬送给了子楚。

问题就出现在这里了，有人说，赵姬送给子楚时已经身怀有孕，因此后来她生的那个孩子嬴政，实际上是吕老板的孩子。也有人说，吕不韦总不敢公然这样让自己的孩子混入王室吧。更何况历史记载中，从嬴政出生的日期算，显然是赵姬送给子楚后才怀上的。嬴政是吕不韦的私生子这个说法，是讨厌他的那些人编的谣言。

我个人很好奇。我觉得解决这个疑难的最好方法，就是将来挖开秦始皇嬴政的坟墓，把他的 DNA 和秦朝前代国王的 DNA 进行比对。其他方法都是不可靠的。如果说这个事情是一个谣言，显然有很多人有编这个谣言的动机。且出生日期也的确有一些说服力。但如果我说嬴政是吕不韦的儿子，也一样是说得通的。

就算赵姬被送给了子楚，也并不意味着吕不韦不能和她一起生个儿子。本来就旧情难忘，怎么不能偶尔偷换呢？子楚当时寄人篱下，也显然不敢和吕老板翻脸。吕老板不高兴了，把赵姬要回去，子楚也没什么可以说的吧。至于吕不韦把自己的儿子混入秦国王室，这不更是合乎他心意的吗？这样他的投资回报就更大了。我这样说的根据是：后来子楚死了，嬴政继位为王，史书记载赵姬那时还是和吕不韦继续有关系的。吕不韦觉得不合适，才推荐了一个性能力超强的嫪毐给赵姬，然后自己退出了。既然到那么久之后他们两个还有关系，那刚刚送出去的时候，他们两个有关系也是很有可能的。还有一个理由就是：后来嬴政和吕不韦翻脸，当时吕不韦其实还是很有实权的，但是却并没有对嬴政造反，是不是因为他也认为嬴政可能是自己的儿子？

我觉得比较大的可能是，这个事情中的各个当事人自己，也都不很清楚嬴政到底是谁的儿子。

这样的环境下长大的嬴政，我们可以想象他童年的生活是多么缺少真爱。他的母亲是个风月场合出身的女人，一心男女之事，不在乎孩子——直到很久后嬴政继位当了国王，他的母亲做了太后，还是乱搞男人，让嬴政非常没有面子。他的父亲——我怀疑他自己也弄不很清楚父亲是谁。即使他真的是子楚的儿子，即使当时没有关于吕不韦的传言，至少他会发现子楚并没有一个父亲应有的地位，他完全像是吕不韦和赵姬的一个傀儡。

外面的社会中，所有的人都是外国人，对他也并不友好。

嬴政体验过真爱吗？这一点令人怀疑。他和孔子不一样，孔子虽然家庭贫苦，但是父亲是这个国家有名的英雄人物，母亲对他估计是爱护有加。因此，孔子有真爱作为支持。嬴政没有真爱，虽然他的物质生活也许并不贫乏，因为有吕不韦这一个商业大佬支持，但是精神上是完全荒瘠的。

孔子虽然父亲早逝，但是他有精神父亲周公。而且早逝的父亲在他心中依旧可以存在，以一个英雄的形象。嬴政的父亲虽然在世，但是他却很难有好的心理认同。他认同谁呢？子楚，是一个窝囊的傀儡，一无所长。吕不韦，如果认同吕不韦就等于放弃了自己王孙的身份。在心理上也很难接受。

更何况嬴政外貌好像也不行，据说他是"蜂准、长目、挚鸟膺，豺声"。当然说这个话的人也许有所夸大，但是大体上应该差不多。

我想，这可能会加重他的自卑感。他自卑的根本原因不是因为自己的外貌，而是因为不被爱，但是外貌不好，会使得这个自卑加重。

不仅缺少爱，他的童年生活中，也缺少信任。他身边的人没有一个是值得他信任的。而且他也会看到，这些人之间的相互不信任。子楚不信任赵姬，因为这个女人放荡不羁，而且显然和吕不韦不清不楚。子楚也不信任吕不韦，因为吕不韦只不过是利用自己而已，并不是一个朋友。吕不韦也并不信任子楚，因为他也知道子楚和自己不过是利益关系而已。吕不韦当然也谈不上信任赵姬。赵姬也不信任吕不韦，因为这个男人可以为自己的利益把自己送给别人，显然算不上多么恩爱……

嬴政也不信任任何人。

我们可以从嬴政以后的生活中看到这一点。

他一生只重视权力。他对权力的追求可以说是无止境的。也正是因为他的这个特点，使得他最终一统天下，奠定了中国专制政治的基础。从心理学分析，对权力过度追求，往往是一种缺乏安全感的人所采取的补偿行为——他们的心理是"这个世界如此危险，别人对我都是威胁，我只有掌握了最大的权力，才能保证别人不会伤害到我"。缺乏安全感是因为缺乏爱——有爱的人，不需要过多的权力，也一样有安全感。有爱的人，会把童年在亲人身上感受的爱的感觉推广到外界，认为"人总体上是好的，有爱心的，所以一般来说多数人不会无故伤害别人。我是可爱的，所以别人也不会轻易伤害我"。这样一种内心感觉下，他会觉得把美好的人生用于追求过多的权力，是完全不必要的。缺乏安全感的另一个原因是缺少信任。信任别人的人，也没有必要追求太大的权力，比如，现代生活在一个完善的法治社会的人，他即使觉得自己不是多么可爱，也不觉得社会上多么充满爱，也还是有一定安全感。因为他知道别人就算没多少爱心，也不会轻易伤害自己，因为有法律在。但嬴政显然也没有这个信任，他对自己手下重用的将军也不信任，因此会试探那些将军。他不信任身边的宫女宦官。有一次他出游回来，他的一个妃子对他说："您今天去某某地方玩了，高兴吗?"他意识到是自己身边的人，把自己去哪里玩的行踪告诉了这个妃子，就把当天所有陪他出游的人统统杀掉了。他的安全感没有别的办法获得。唯一安全的，就是自己掌握最大的权力。但即使是这样他依旧感到不安全，因为别人会夺走自己的权力。因此，他不仅需要有最大的权力，还必须把所有可能威胁到自己权力的人，全部消灭掉。

不安全感带来独裁的强烈需要，而独裁行为必定导致别人的反抗，而这个反抗会加剧他的不安全感，从而更过激地加强自己的独裁。他越来越残酷，是因为他越来越感到不安全。

赢政对中国人的影响，我认为绝大多数都是恶劣的。从心理学角度说，我们可以说他是一个病人。如果从社会角色上看，那他就是一个专制独裁暴君。他示范的是，有了权力就可以为所欲为；示范的是，为了保住权力可以不惜一切；示范的是，不信任任何人不爱任何人。以及其他如好大喜功、破坏文化，等等。

赢政之所以选择法家，是因为法家背后的价值观和他最符合，而法家之所以有这样的价值观，也是当时战乱和破坏所带来的结果。

当秦帝国最终灭亡后，秦的那种赤裸裸的独裁专制政治也声名扫地。但是名声虽然臭了，影响却还持续存在。后世的多数帝王和他们的许多臣子，会假装为儒家，而背地里做法家。荼毒中国人两千多年，至今还没有终止。

通常我们以为，死了的人都死了，活着的人才是活着。但是实际上并非如此，如果我们善于观察，善于分辨，现在看中国和中国人，我们还是会看到许多活着的孔子和赢政。

我们可能需要很久很久，才能够让赢政的心理疾病有所改善，我们的民族才能真正走向幸福。

挑食精神

据说惠子在梁国当相国，庄子也到了梁国。惠子担心庄子要抢自己的官位。于是庄子对惠子说："南方有鸟，其名为鹓鶵，子知之乎？夫鹓鶵发于南海而飞于北海，非梧桐不止，非练实不食，非醴泉不饮。于是鸱得腐鼠，鹓鶵过之，仰而视之曰：'吓'。今子欲以子之梁国而吓我邪？"

估计这个故事并不是历史上真实发生过的事件，只是庄子的一个寓言而已。其实惠子和庄子的关系很好，惠子也不像是这样嫉贤妒能的人。惠子之于庄子，就如同福尔摩斯身边的华生，或者说如同相声演员中的那个捧哏的角色，庄子编故事就常常拿他作为配角用。虽然这个故事本身并非真实的历史事件，但是从更深的一层来看，其实也可以说这个故事不但是历史，而且是中国历史中千百次重复的事件。故事中有两个士人，一个身居高位，不过总担心被别人夺走权势；另一个安贫乐道，对权势丝毫没有兴趣。

练实，据说就是竹子结的种子，我们知道竹子开花是很少见的，竹子的种子当然也很少见。鹓鶵只吃练实，可以说比大熊猫要挑食多了，醴泉也不是一般的泉水，鹓鶵只饮醴泉，显然也是给自己的饮食带来了极大的限制。如果真的有这样一种动物，那么这种动物生存下来应该是很难的，显然它不属于达尔文所说的"适者"。

那么，庄子为什么把这样一种适应性极差的动物，当作自己的心理象征呢？

最近，在网上看到一个笑话。说有个蜜蜂对蜂王说："现在花蜜越来越难找了，我倒有个建议，不如我们学习一下苍蝇，不要挑食，那么我们就可以不愁吃喝了。"蜂王大怒说："把他挂的枪（蜂刺）下了，让他去和苍蝇们去混吧。"

混成一只苍蝇，的确增加了适应性。实际上世界上最有适应性的动物，应当是蟑螂、蚊子等，在世界上还没有人类之前它们就存在了，世界经历了沧海桑田的变化，而蟑螂、蚊子等却安然无恙。估计就算人类有一天灭绝了，蟑螂、蚊子也依旧会继续生存下去。

但适应性不是一切，生存下去也不是一切。人的心理需要有不同的层次，低层次是基本的生理需要和安全需要，高一点是爱和自尊的需要，而更高的层次是自我实现、审美等的需要。心理学家马斯洛认为，一般来说满足了低层次需要后，人就会追求高级需要。这种说法有点像中国古人说的"仓廪实而知礼节"，但是，庄子指出了另一面的真理，我们未必要先满足低级需要，然后才能追求高级需要。实际上人是可以在低级需要不很满足的情况下，就追求高层次的需要。人实际上有自由的选择能力，可以选择精神上"吃什么"。选择更美的人生，固然减少了适应性，但是却增加了美感。在鹓鶵看来，如果不吃腐鼠就不能活下去，这种生活还有什么意思呢？

当然要选择高层次的需要，常常会导致低层次需要的满足减少。真正的蜜蜂，也不是不知道挨饿的滋味不好受，但是即使如

庄生游逍遥，老子守元默。(清)任熊绘，老庄像

此，也绝对不愿意吃苍蝇们吃的那种食物，这也是一种挑食精神。虽然蜜蜂和鹓鶵相比，已经不是那么挑食了，但是蜜蜂也还是有自己的不可逾越的底线。这就是挑食精神，是一种保持自己高贵的品质的精神。

这种挑食，是一种精神品质的象征。庄子很穷，他自己在吃饭上估计应该是很不挑食的。但是他在精神上却是很挑食的，他不会接受任何对自己的精神生命有害的"利益"，如果对自己的精神生命不利，那么做相国这样的富贵，他也会像拒绝吃腐鼠一样拒绝。这是一种坚持美好心灵的精神。

为什么要做这样的人呢？如果我们回答了为什么，那就说明这样做的本身不是原因，而是一种手段。假设有人说，"非练实不食，是因为练实营养价值高"。那么，如果腐烂的死老鼠经过了杀菌，又添加了各种营养成分，是不是鹓鶵就可以吃了？鹓鶵当然还是不会吃的，因为它的选择没有别的什么原因，唯一的原因是"它选择了美好"。

庄子的寓言，象征着中国古代士人中的一种精神，坚持美好的精神。这并非为了别的什么原因，而只是一种选择。这种选择，使得美好的心灵能够存在，也使得世界多了一份美好。庄子这类人选择美好，就如同鹓鶵选择练实一样，是这类人自然而然的行为而已。

鸱——也就是猫头鹰——以及当代等而下之的苍蝇，会有一种说法。它们说，"有条件的时候，谁不愿意选择美好的食物，但是如果环境不好，找不到好的东西吃，那就只好有什么吃什么了——这不是我不选择好的，而是环境不允许我选择好的"。古代有人说：

"饥不择食，慌不择路，贫不择妻。"

这种"都怨环境"的态度，是庄子所不认可的，也是中国古代的君子们所不认可的。他们认为，正是在饥饿时，坚持不选择"腐鼠"，才是鹓鹐。鹓鹐不论多么饥饿，都不会"饥不择食"。庄子一类的人，不是环境的奴隶，他们自己才是自我的塑造者。在西方心理学中有些流派更强调环境对人的影响，认为环境决定了人；也有些流派认为人有自由意志。庄子等所代表的中国人显然是后一种观点。孔子说"君子固穷，小人穷斯滥矣"，也说的是同样的意思。君子，即使遇到困难，即使穷苦，也能坚持自己的优良品质，而不会自暴自弃。而那些环境不好就放弃操守，饥不择食地寻求不当利益的人，是孔子所不赞许的"小人"。

即使不是颜回这样优秀的贤人，也一样可以有这样的坚持。宋玉在一首辞赋中说，曾经有一个美女勾引自己，但是自己不为所动。这种在诱惑之前，能够不为所动的能力，其实和"君子固穷"是一回事。被诱惑不是放纵自己的理由，因为，人可以有不为所动的能力。

鹓鹐哪怕饥饿的时候，也不动摇自己的原则。这时的它固然要忍耐饥饿的滋味，但是，在精神上它却并不是悲苦的，而是快乐的。孔子最优秀的弟子颜回"一箪食，一瓢饮，在陋巷，人不堪其忧，回也不改其乐"。为什么颜回可以不像一般人一样"烦忧"呢？因为他有能力让自己超越生物性的本能，获得精神层面的自由。

颜回

饥饿了，身体一定是不舒服的。但是，如果我们能有自由的精神，我们的灵魂可以不认同这个不舒服，就可以不受其影响。如果我们的精神本来是快乐的，我们就可以继续快乐。庄子和颜回能够做到"非练实不食"，精神上有能力这样自由，才是根本的窍诀。庄子把这种自由称为"逍遥"。

懂得了自由，有能力自由，用这样的自由选择美好，就是中国的圣贤君子有道之士等的生活之道。

当然，我并不是说所有当官的人都是在"吃腐鼠"。连孔子也一直很想当官。是不是吃腐鼠，其实是说一个人是不是在做一个精神美好纯洁的人。如果当官的人都不想吃腐鼠，也就不会有贪官了。如果警察把自己坚定地认同为蜜蜂，即使花蜜不够，也不羡慕那些黑社会的苍蝇们"不愁吃喝"，就不会有"跟苍蝇一起混"的警中败类了，这是中国古人的看法——当然在今天看来，在政治实践中这种"贤人政治"的理想未必行得通，但是在人自我修养的时候，古人的这些榜样对我们还是很有价值的。

在心理学家看来，这是一个"存在层面的心理问题"。人是一种追求意义的生命，人也是一种自由的有选择能力的生命。一个人的选择，也就会造就他自己的人格形态。营养学家说"你吃什么决定你是什么"。其实在心理层面，才真是这样"你精神食粮是什么，你就会让自己成为什么样子的存在，就会成为什么样子的人"。而庄子的"挑食"，就是教导我们，我们可以有自由去选择美好的自己，让自己成为鹓鶵，只要我们做一个决定，"非练实不食，非醴泉不饮"。因为相信有自由，所以有自由；因为有自由，所以能"挑"；因为能挑选，所以能成为更好，这是中国古代的一种心理思想。

四人博弈与民族性格扭曲的开始

自近代以来，中国在很多方面都远远地落后于世界，这是一个无法回避的事实。为了摆脱落后，越来越多的有识之士开始从我们自身寻找落后的原因——因为人才是决定发展的关键性因素，于是对于中国人国民性的分析和研究也就越来越多。

一、对国民性格缺陷的研究

在这些对国民性的分析中，国民性格的缺陷部分理所当然地成为研究的重点——毕竟，只看到优点是不可能找出落后的原因的，只有找到了所欠缺的东西并加以改正，才有可能摆脱落后求得发展。而对于国民性的缺陷，不同的学者也有着不尽相同的概括，譬如，林语堂对中国人的性格缺陷归纳为遇事忍耐、消极避世、超脱老猾和因循守旧；柏杨则说"丑陋的中国人"；朱建军又将中国人的性格归结为"被阉割的龙"这一意象，认为中国人的性格缺陷主要包括以下一些特点：冷漠麻木、诈伪不诚、是非不分、伪善和好抱怨、要面子而不顾实际、胆小怕事、一窝蜂、不团结窝里斗、腐败、缺少理想、喜欢背后算计别人、势利、缺少公德意识、喜欢报喜不报忧、嫉妒心强，等等。虽然所使用的词汇有所不同，但所有这些研究的内涵却都表达了一个相同的概念，就是鲁迅先生所说的"民族病"——中国人的劣根性。

研究问题的目的在于解决问题。分析出国民性格中的缺陷和问题所在并不是我们的最终目的，研究的最终目的是让我们的民族能够重新强盛起来。要实现这一目的，就必须解决上述我们的民族病。在这方面，前辈先人们也已经做了很多的努力，比如鲁迅先生，终其一生都在为唤醒中国的民众而呼喊，但是，由于这些前辈先人没有真正把握问题的关键，所以尽管付出了巨大的努力，却收效甚微。作为一个热爱自己祖国和人民的中国人，我很希望能够运用我的专业知识在这方面做出我应有的贡献。

二、民族病性状分析

1. 民族病的性质

要治病，首先要确定病的性质。显然，我们的民族病是不同于感冒发烧之类可以用针石治疗的生理疾病的，而是心病，也就是说，是心理疾病。

2. 民族病病史的研究意义

那么，在确定了民族病的性质后，是不是就可以对症下药解决问题了呢？还不行。正如上文所言，心理疾病不同于生理疾病，在治疗中药物很难达到理想效果，而最有效的方法莫过于进行心理咨询。但是心理咨询的特点是：如果不知道心理疾病的病史，心理问题是很难得到彻底解决的。所以在我们试图通过心理咨询治疗中华民族的心理疾病之前必须首先弄清楚我们民族病的病史。也就是说，理清民族病的病史，是解决我们民族病的关键。

但是，我们的民族有着五千年的悠久历史，我们的民族性格开始产生问题也不是一天两天的事情了，要对这么漫长的历史进行系统的分析是我的能力和本文的篇幅都不允许的。然而再漫长的历史也有它开始的那一刻，其后的一切，都是从这个开始发展出来的，由此可见一个开始对于一段历史的重要意义。所以，找到这个开始的时刻——也就是民族病发病的时刻——并加以分析，就成了关键中的关键。

3. 民族病的发病

在大多数情况下，新生儿都是比较健康的——有谁看到新闻报道过某地出生一个健康婴儿吗？没有，因为这是再正常不过的，没有新闻价值——而在这个新生儿逐渐长大之后，他才会因为环境影响或是其他原因得各种各样的疾病。那么我们这个民族，这个中国人，是怎么从初生的健康逐渐感染上心理疾病的呢？是什么导致了民族病的形成？这一切，是从什么时候，什么事情开始的呢？

在分析了中国历史之后，我认为，中国人从健康人变成有心理障碍并走向更深的堕落的这个时间点——也就是民族病发病的时间点——就是自秦的统一到汉的建立这二十年间。

之所以把这个时间点定义为民族病病史的开端，是因为在这个时间点两侧的中国人对相同的一样东西却有着极其不同的态度，这就是尊严。

27

在这个时间点之前，尊严对于中国人来说是极其重要的。于是在秦之前的中国，就产生了很多有关尊严的故事，在这些故事里，人们视自己的尊严重于一切，有很多人甚至为了尊严而死。而在汉朝建立之后，我们却很少再听到这样的故事了——因为在这个点上发生了一些事情，使得我们开始放弃尊严。而正是在放弃了尊严之后，我们的民族性格才开始被扭曲，并向着更为不健康的方向发展。因为放弃尊严，就意味着不再尊重自己，对自己的信心、要求都会随之降低，于是随着尊严的丧失，必然伴随着自信、自爱等优秀的品质的丧失，而已经放弃尊严的心灵对于进一步的堕落也缺乏相应的免疫能力，进而才开始出现之后的种种病态表现：譬如，中国人最为人所诟病的"爱面子"问题，就是对于放弃尊严的一种反向形成——我们在用所谓面子来代替我们已经放弃的尊严；再比如说诈伪不诚，一个重视自己的尊严，尊重自己的人，会有这样的表现吗？至于其他种种病态的表现，我们都可以很容易地在它的根部找到被我们放弃的尊严。所以说放弃尊严正是我们民族病的开端，而我们开始放弃尊严的这个时间点，也就成为我们民族开始生病的时刻。

在明确了这一点之后，就可以对这个导致我们民族性格开始扭曲的时间点进行具体的分析了，这也正是本文的主要研究内容：对这个时间点上的历史事件进行心理分析。在这个时间点上最重大的历史事件莫过于秦统一天下和楚汉之争，本文将用阐释学的研究方法，分析心理因素在这两个重大历史事件中的作用。而最终的研究目的，是确定这两大历史事件对国民性格所产生的影响。

三、秦朝统一带来的变革及其对民族性格的影响

要把自秦的统一到汉的建立这个时代确定为民族性格开始扭曲的转折点,确定其为民族心理疾病的开端,就必须先明确这个时间点两侧的中国有什么不同,以及这些变化对国民性格造成的影响。

1. 政治制度的变革及其影响

秦统一之前和之后的最大区别莫过于国家政治制度的变革。秦之前没有高度集权的中央政府,名义上,各诸侯国奉周王室为共主,但由于王室力量的不断衰弱,统治权实际分散于各个小诸侯国。而在各个诸侯国内部,王虽然是最大的拥有暴力的财政实体,但同时各级贵族也是较小的拥有暴力的财政实体。贵族对王有一定的制约力,王并不能够为所欲为。但随着奉行法家思想的秦统一天下,君主集中制成为国家的基本政治制度。而君主集中制的特点则是把全部的权力集中在皇帝一人手中,皇帝成为握有绝对的权力而没有任何人或势力可以制衡的唯一绝对的权力来源。这一变化的影响是巨大的。从整个民族来看,先秦时的我们自尊心很强,具体的表现就是有很多"可杀不可辱"的士。而上述变化最大的影响就在于从前可以在王面前保有一定尊严的贵族、士人因为失去了制衡君主的能力而开始丧失尊严,这对整个民族的自尊心不能不说是一个极其沉重的打击。

2. 经济文化方面的变革及其影响

秦朝建立之后,在天下推行书同文、车同轨和统一度量衡的改革。不可否认,作为一个地域广阔的统一国家,这种措施确实有利

于经济和文化的交流，甚至也可以说是必需的，这也正是历来史学家褒奖秦的地方。但换个角度来看，这种统一却正是对我们国民独立性、创造力、想象力、自由意志和地域文化的一种极大摧残。特别是当这种改革的目的并不是为了有利于经济文化交流而是为了便于统治和管理的时候，它所带来的就不仅仅是沟通的便利，还伴随着高压的统治和奴性的增加。不仅如此，为了巩固统治，打击、消灭反对思潮而实行的焚书坑儒，亦对中国文化造成了极大的摧残，这同以政治势力干预学术的"以吏为师"，一起为后世树立了极其恶劣的榜样——无论是汉代的"罢黜百家，独尊儒术"还是更晚近的文字狱，我们都不难从中看到焚书坑儒和以吏为师的影子，这对国民性格的损害自是不言而喻。

尽管秦实施了这许多损害中国人性格的措施，使我们开始丧失尊严，失去独立性，奴性加强，但这时的我们仍算健康——虽然已经开始受到极大的压抑，但血性尚存。于是在秦末有了诸侯共抗暴秦的壮举——这也正是不甘于被压迫的表现。但这场抗争的结果，却使我们的民族性开始走向更深的堕落。

四、楚汉之争中心理因素的作用及其影响

1. 秦末汉初的历史形势分析

陈胜吴广首举义旗，天下大乱，随后群雄纷起，逐鹿中原。

在当时登上历史舞台参加这场争斗的有很多人，很多股力量，譬如陈胜，他最先斩木揭竿，掀起了抗秦的序幕；又有六国贵族的

诸多后代，也在此时纷纷登场复国：甚至英布、彭越之类的罪犯，也起而割据一方。然而在所有的参与者中，真正有实力，有可能问鼎中原独霸天下进而影响历史走向的，却只有四股力量，这就是秦、项羽、刘邦和韩信。如果说争夺天下是一场豪赌，那么这四个人就是有资格参加决赛的选手，他们的争斗，我称之为"四人博弈"。

秦自不必说，如果不是它的暴政，也不会激起这激烈的反抗。它本就持有天下，虽然受到了起义军的沉重打击，但仍有力量，有机会守住自己的江山：即便在六国纷纷复立之时，秦仍保有关中、巴蜀之地，也就是仍有其统一之前的地盘，加上其统治期间从各地掠夺的财富和天下少有的精兵，若不是项羽的出现，很难说秦会不会在扑灭反抗力量后再一次统一天下。

项羽更不必说，自破釜沉舟一举击破章邯，直至被尊为"西楚霸王"，分封诸王，其声望、实力均一时无两，已经隐为天下共主。而项羽的骁勇善战更是天下无双，如果不是韩信，恐怕刘邦就算出得了蜀地，也赢不了天下。

刘邦，历史已经明确地告诉我们他才是最后的赢家。虽然他屡战屡败，但垓下一战，让刘邦笑到了最后。

可能最不易为人认同的就是韩信了。因为韩信先投项羽，后归刘邦，虽曾贵为齐王，但始终都定位于刘邦的一员战将。但熟悉历史的人应该知道，韩信确实是有机会取代刘邦的：当他灭齐称王之时，刘邦正被项羽打得四处逃窜，当时连项羽都承认韩信是除他和刘邦外的第三股力量，甚至为此而拉拢他。韩信的谋士更是为他策划好了如何争霸天下的方略。如果当时韩信选择了背叛，那么很可能我们的历史上就没有汉朝了。

那么，在这场每个人都有实力有机会夺取天下的四人博弈中，为什么却只有刘邦笑到了最后？

2. 心理因素在历史事件中的作用

历史是人的历史，要回答上文提出的问题，还是要回到这些人身上来找寻答案。他们作为历史的参与者在那个时代出现，然而不同的经历、不同的性格、不同的心理特征决定了他们在同一个历史时刻做出了不同的选择，正是这些不同的选择，才影响了历史最后的走向。

3. 四个意象

要具体分析这些人不同的心理特征如何影响了历史的发展，首先要明确他们各自的心理特征是什么样的，这就有必要引入意象这一概念。

意象，英文为"imagery"。这个单词在英文中有"某一不实际存在的事物的心理图画"的含义，通常指脑对不在眼前的事物的形象的反映。就本文来说，引入这一概念，利用意象的象征意义，可以使这四种不同的心理特征更为形象化，既有利于理解，又可以使后文行文更加简单明了。

韩信

先来看引发这场争端的秦始皇。这里必须说明的是，历史上的秦始皇嬴政并没有直接和刘邦、项羽争夺天下，但是秦这个短命的王朝是他一手缔造的，这个王朝处处都深刻地烙着它的创造者始皇帝嬴政的印记，他遗留下的位置，也没有人能够接替。在他死后，也是由他留下的心腹赵高、李斯在决定着秦帝国的走向。所以可以这样说：秦朝处处都有着嬴政的影子，嬴政的特点就是秦朝的特点。所以，在本文中我只是用嬴政来代表秦，代表他所象征的那个朝代、那种精神，而并不是臆造历史。

如果要给始皇帝嬴政确定一个意象，那必定是一个大盗的形象。

秦始皇嬴政是一个强有力的统治者，为人阴狠深沉，刚愎自用，性情残暴。他以所向披靡的武力征服六国，一统天下。统一之后，实行绝对的高压统治和愚民政策，骄横残暴，滥用民力，横征暴敛，严刑酷法，而没有任何与民休息的怀柔之举。这正是典型的大盗形象：蛮不讲理，只以纯粹的力量进行压制，迫人屈服。

再来看看西楚霸王项羽。项羽出身名门，乃楚国大将项燕之后。少时粗疏学浅，然胸怀大志，《史记》中就有这样的记载："秦始皇帝游会稽，渡浙江，梁与籍俱观。籍曰：'彼可取而代也。'"这是何等豪迈？其后随叔父奉楚怀王为主，勇猛善战，叱咤风云，显赫一时，更因不愿作壁上观，毅然率军破釜沉舟一举击败秦军而名扬天下。可以说，正是项羽彻底消灭了秦的武装力量，其功之大实不作第二人想。但在推翻秦朝统治以后，向往复古的他企图恢复春秋、战国时代的分封制，可

项羽

惜最终却军败身亡。项羽是一个"力拔山兮气盖世","近古以来未尝有"的勇士，而且为人仁而爱人，在和刘邦争夺天下时，甚至提出"天下匈匈数岁者，徒以吾两人耳，愿与汉王挑战决雌雄，毋徒苦天下之民父子也"。此外，项羽格外强调尊严，甚至宁可自刎也不愿忍辱偷生。项羽所有的这些特征，正是一个典型的英雄形象。

《史记》和《汉书》中都曾记载，汉高祖刘邦自少时身边就经常有神迹显现，姑且不论这是否是对皇帝的神化，只看刘邦的行径，却无论如何配不上这些所谓神迹：年轻时不干平常人家生产劳作的事，到了成年以后去做了亭长，却最喜捉弄官署中的官吏；又好酒好色，还经常欠账不还；甚至连他的臣子也说他"慢而侮人"……这种种行径，倘若放在一个没有当上皇帝的人身上，该如何评价？恐怕只能说，他是一个流氓。他不在乎尊严，不在乎品德，不在乎名声，更不在乎信用，他在意的只是能否最终达到目的，而为了达到目的，他可以使用任何手段，无论这些手段是否卑鄙。

出身于平民但才华横溢、功勋卓著的韩信则是一个非常特别的人。他的经历很坎坷，也很多彩，他的心理特点也是最复杂的。他的为人和他的整个人生都充满了矛盾的选择，在他身上既有像项羽那样重视尊严的部分，也有像刘邦那样无视名声的特点。年轻时的他怀才不遇，寄人篱下，受尽白眼却仍洁身自爱，正是个"贫贱不移"的大丈夫，这说明韩信是在乎自己的尊严的。然而面对屠中少年的挑衅，他却低下了高贵的头，忍受了胯下之辱，这又和他之前表现的自尊自爱背道而驰。他先投项羽，却又背楚投汉，而当手下谋士劝他脱离刘邦自立时他却又不肯，但到头来还是因谋反而被夷灭宗族……他身上有太多太多的矛盾，他的一生都在放弃尊严和争取尊严之间挣扎，在忠诚和背叛之间徘徊。在我看来，这样矛盾的韩信正代表着当时中国平民普遍的心理特征：他有一定的尊严，然而又因为种种的压制使他开始放弃了一部分尊严，他的人格虽受到损伤，但血性尚存，整体人格仍较健康。也可以说，韩信正代表着当时的国民性格。

4. 不同性格特点在历史事件中的作用

在分析了他们不同的心理、性格特点之后，就该看一看这些不同的性格特点在历史中起到了什么样的作用了。

以大盗形象出现的秦从始至终都贯彻着武力至上的信条，无论是打天下还是治天下，无论是对外人还是对自己人，我们从未见过这位大盗有过哪怕一丝的软弱。在战国那样的乱世，谁对邻国的领土没有野心？谁不想扩张？谁不想变得更强大？正因为国与国之间充满了野心和扩张的欲望，力量最强大的大盗才有了生存和发展的空间，才能够在一次次合纵与连横的斗争中脱颖而出，逐步消灭了所有的对手。而秦之所以能获得这强大的力量，则根源于其统治思想和政治体制。秦在战国时最先采用了法家的思想，并通过商鞅的改革使之深入到社会生活的每一个细节中。无论是对军权的高度重视和严格控制，还是推行严刑酷法，都强烈地巩固了王权，进而使秦成为战国之际军事指挥权最为集中的国家。再加上夺取巴蜀为秦准备了充足的财源，而独特的地理位置更赋予了秦得天独厚的便利。于是这位没有任何后顾之忧的大盗才可以凭着自己强大的军事力量硬生生消灭了所有的对手统一了全国。依靠绝对力量获得胜利的始皇帝，自然对自己的力量推崇备至并坚信不疑。而使他获得这种强大力量的法家思想也必然被他推行到更为广阔的统治疆域。天

35

下初定，人民刚刚从数百年的战争中解脱出来，本应该给人民一个休养生息的机会，然而大盗是不会这样做的，大盗争夺天下的目的是为了劫掠天下的财富，试问他又怎么会考虑平民的需求？更何况这位大盗掌握着天下独一无二的绝对力量，正所谓"身怀利器，杀心自起"，当一个人有能力随意地镇压、屠戮他人而不需考虑任何后果时，他对不服从他意志的人会怎样做？于是秦的行暴政，就是再自然不过的了。

乱世中的人民渴望统一，可不是想让自己从一把刀下转移到另一把刀下，这就注定了大盗最终的命运。

然而当最初出现反抗的时候，大盗还是有力量去消灭反对者的。精锐的秦军四处征战，就像一支消防队，哪里有反抗的火花就去扑灭哪里。虽然有些狼狈，但大盗毕竟不是凡人，他甚至一直在胜利，直到，他遇到了英雄。

那时候秦军把赵国围困在巨鹿，各诸侯国纷纷来援，但畏惧秦军，都只坚守自己的营垒，不敢出战。当时楚军的统帅是宋义，他定下了让秦赵鹬蚌相争，自己坐收渔人之利的策略，像其他诸侯国一样，只作壁上观，停留四十六天不向前进。而且在天气寒冷，士卒衣食不足的情况下，为自己的儿子出使置备酒筵，大会宾客。向来仁而爱人的项羽终于无法再忍受，于是杀了宋义，率军渡江，破釜沉舟，一举击破秦军主力。令得那些作壁上观的诸侯，只能在战后膝行晋见。

这样的举动，也只有项羽这样重视尊严，坚持仁爱和正义的英雄才能做到。如果单从军事策略上说，宋义的策略确实相当高明，是能够最好地保全自己并打击敌人的方法。但在心理上，项羽的选择却有着更为积极的意义：他代表着一种勇敢、正义而自信的人格，这对国民的心理健康来说是更为重要的。

项羽最为后人所诟病的莫过于在鸿门宴上放走了刘邦，人们说正是项羽的优柔寡断和妇人之仁才使他错过了这次千载难逢的机会，从而为自己最后的灭亡埋下了伏笔。殊不知，项羽是个英雄，而英雄总是骄傲的。对于已经在自己面前示弱请降的对手，英雄是绝不会赶尽杀绝的。刘邦正是充分把握了项羽的性格，才能够从容脱身。然而骄傲的项羽可以容忍示弱的对手，却不能容忍失败的自己，于是他宁愿自刎也不肯过乌江。这中间最重要的原因，我想还是尊严——要项羽学刘邦般仓皇鼠窜，他是怎么也不肯的。

英雄气概成就了项羽的威名，也成就了他敌人的天下。

刘邦是和项羽截然不同的。他从青年时就游手好闲，好酒好色，对项羽来说重若生命的尊严对他来说却不值一钱。他也没有什么原则，只要能达成目的，可以使用任何手段：为了生存他可以在项羽面前装出一副可怜相来博得同情；为了逃命能跑得快一点可以把同行的妻儿一次次地推到车下；当项羽威胁要把他的父母烹了时他可以说出"吾翁

刘邦

即汝翁，必欲烹乃翁，幸分我一杯羹"这等无赖言语；在战场上他大量施用诡计；在灭楚后，更将助他得天下之人一一屠戮……刘邦是独一无二的，他所做的这些，大盗不会做，因为他虽蛮不讲理但一向只靠暴力；项羽也做不到，因为一个英雄的尊严和骄傲都不允许他做出这样的事情。而只有流氓出身，身上充斥着流氓气息的刘

邦才能做到这些。也正因为他只讲实利不问手段，只求达到目的而不计过程，他才能在最艰难的时候，克制自己的愤怒，答应韩信称王的请求，还表现得很开心，从而蒙蔽、利用了韩信，使之帮他战胜了项羽。而当英雄死去，失去了利用价值的韩信最终也难逃他的毒手。

最悲情的人物莫过于将兵多多益善的韩信了。这个人格虽受到损伤，但血性尚存，整体人格仍较健康的军事天才，因为他矛盾的性格，一生都生活在艰难的选择之中。当他面对屠中少年的挑衅侮辱时，他可以拔剑，但他选择了放弃尊严。也许他当时的确是觉得与这种人相争没有意义，但他没想到的是，这胯下之辱却成了他一生难以摆脱的烙印，从此天下人皆以为韩信"易与耳"。其实韩信也是敬仰英雄的，他也希望自己能成为英雄，所以他选择了项羽。但向来最重视尊严的项羽怎么可能重用这个曾放弃尊严的少年？怀才不遇，满心失落的韩信选择了背叛，逃离楚营去投靠刘邦。而在蜀地，刘邦的轻而慢人却使他感到了比胯下之辱更为严重的伤害，如果不是萧何，他已经离去。然而当他登坛拜帅，挥大军横扫天下，终于实现了自己的梦想之后，却因称齐王一事惹怒了刘邦：当时的刘邦正被项羽打得焦头烂额，而韩信身为汉将，非但不立即去救援，反给刘邦去了一封信请求他封自己为齐王，字里行间，透露出不封则反的威胁。如果说胯下之辱时韩信放弃了尊严，那么这先背楚后胁汉则违背了为人臣者应有的忠义。但当刘邦如愿封他为齐王之后，他的谋士为他筹划谋反，他却又不肯了，声言"王遇我甚厚，载我以其车，衣我以其衣，食我以其食。吾闻之，乘人之车者载人之患，衣人之衣者怀人之忧，食人之食者死人之事，吾岂可以乡利倍义乎!"终于没有听从谋士之言。甚至这之后刘邦屡次夺其兵,都隐忍不言。当垓下一战功成,逼死项羽之后,失去利用价值的他被刘邦一贬再贬,但他仍然不理会别人劝他谋反的建议。一味地逆来顺受。这一切又可以说忠义得过了头。可到了天下大势已定之际,他却又想起了谋反,终于死在妇人之手,真何其悲也!

这样矛盾的韩信正像当时的绝大多数人那样,一方面为了生存,放弃了一部分尊严;但另一方面又放弃得不彻底,做不到如刘邦般的百无禁忌。于是他只能在内心的矛盾中挣扎徘徊。最终,还是难逃被夷宗灭族,身死而为天下笑的悲惨命运。

同是有实力有机会争夺天下,却因不同的性格或者说心理特点而最终走向了不同的结果。重要的是,这结果不仅影响了中国历史的进程,也影响了中国人国民性格的走向。

五、四人博弈结果对国民性格的影响

正如前文所分析的,秦的暴政虽然对我们的国民性格造成了一定的损害,但这种伤害还不是致命的。而真正的致命伤却是这四人博弈的最终结果。这四方的争斗不仅是对江山社稷的争斗,更是他们所代表的不同精神之间的争斗。最后的胜负结局,也就决定了他们各自所代表的精神的命运,而这些精神的不同命运,则深刻地影响了我们的国民性格。

大盗死了,但不代表大盗精神真的已经消亡,因为后世两千年的王朝都继承了大盗所创立的制度,皇帝仍然似大盗般可以无法无天，为所欲为。只是大盗的命运让后世的统治者知道了他们不可以做得太过明目张胆，于是大盗的精神随着大盗创立的制度被一并继承了下来，只是被藏到了皇帝的龙袍之下。因而秦之后的两千余年，我们都是打着儒家的旗号，实行法家的统治。而这样做的后果，则是使中国人的双眼被蒙蔽得更加严密，从此在黑暗中继续不断地沉沦。

流氓的胜利，使中国人牢牢地记住了"成者王侯败者寇"，也就是说，重要的只是最后的胜利，不论取得胜利是否要牺牲尊严，也不论取得胜利的手段是否卑鄙，只要能够成为胜利者，不论其本身品德如何，都可以在胜利后获得尊重，而且到时自有人为你美化，把你的成功说成是天定的，并为你贬低、打击曾经的对手，为你树立高尚甚至是神化的形象……所有这一切，使中国人开始允许自己道德堕落，允许自己不要尊严，因为他们可以把在成功路上因放弃尊严而产生的自恨心理在成功后发泄到别人身上，而当被侮辱的人为了更远的成功也选择了放弃尊严之后，一个恶性循环就形成了。于是后世的中国人中，流氓无赖越来越多。

代表着当时国民性格主体的韩信最后的惨死，则确定了我们的国民性必将走向更深的堕落。韩信身上，或者说当时的中国人身上，原本还残留的健康的心理因素，也都随着韩信的死而终结。虽然韩信的人格中也有不健康的东西，但是他其实一直在康复与堕落之间徘徊。从他最早投靠项羽，和在蜀地因感到受辱而愤然离去，都可以看出他本来是有可能重拾曾被放弃的尊严的。但因为他对流氓加在他身上的侮辱一味地退缩忍让，最终导致了他的失败。而他的失败也说明了他试图康复的努力最终只能是付诸东流。韩信已经死了，他所代表的作为社会最底层的平民，为了生存这个最基本的需要，只好选择放弃尊严，于是就进入了上文所描述的那种恶性循环，从此走向更深的堕落。

然而所有这一切对国民性的杀伤力都比不上项羽的死。项羽所代表的重视道义、有尊严、有自信、不愿恃强凌弱、愿意保护弱小、坦率直爽的英雄精神，本是我们国民性的一个极其重要的部分，但随着项羽的死，这种英雄精神开始淡出我们的国民性，项羽死后的中国，我们很少再能见到这样的英雄了。这对中国人心理上的影响，就是使中国人记住了"成王败寇"，学会了"不择手段"，认可了无尊严的生活。

从此，我们的民族性格开始走向了更深的堕落。

六、结论

现在可以回到文章开头提出的问题了："我们这个民族，这个中国人，是怎么从初生的健康逐渐感染上心理疾病的呢？是什么导致了民族病的形成？这一切，是从什么时候，什么事情开始的呢？"通过上面的这些分析，我想我已经证明了我的观点，也就是本文所要论证的结论：中国人国民性的扭曲，始自秦的统一至汉的建立这二十年间，而导致我们的国民性更加堕落的，则是项羽的死所带来的尊严的大丧失。

正如前文中曾说的，研究问题的目的在于解决问题。既然明了了问题所在，那么，应该如何解决这一问题呢？换句话说，如何重拾我们失去的尊严呢?

我的建议很简单:在哪儿跌倒的,就在哪儿爬起来。

我们的尊严既是随着项羽的死而丧失的,那么我们就想办法让项羽的精神复活。

刘邦的流氓精神之所以能获胜,是因为他所代表的功利主义比项羽的英雄主义更符合当时的形势。那么,现在的时代精神又是怎样的呢?

看看现在的社会,我们不难发现被叫得最响,说得最多的一个词就是"诚信"。学生考试要讲诚信,商家经营要讲诚信,政府也要讲诚信……因为之前的丧失尊严,不讲诚信已经成为一种习惯,为此,我们已经吃了很多的亏,走了很多的弯路。那么现在对诚信的呼唤,是否说明,我们的社会正在重新认识尊严的重要性?如果能够把握这个机会,对社会舆论加以适当的引导,我相信,项羽的复活将为期不远。

其实在项羽死后,对他的评价也并不是统一的。我个人最赞同的,是李清照的那首诗:"生当作人杰,死亦为鬼雄。至今思项羽,不肯过江东。"当男人们呐喊着"不可沽名学霸王",嘲笑着项羽不懂政治的时候,反倒是一个柔弱的女子心中,却有着多少男人都没有的豪气干云。我认为这就是一种希望,这说明即使是经过两千年的压抑,项羽的精神,终会有复活的那一天。

到了那一天,我们的民族必将重新挺起胸膛,傲然自立于世界民族之林。

(齐亮)

选择做老鼠你就是老鼠的命

　　人的一生虽然很长，但关键的时刻往往只有几步。人一生产生过的念头更是多到不可思议，但关键性的念头也不过就是那么几个。

　　关键的那几个念头，会决定一个人的重要选择，而重要的选择则决定了他的一生。人生的道路有点像火车的路，大多数时候你只能沿着轨道行驶，不能随意改变方向。但是在某些节点，你可以搬动道岔，让火车换一个轨道，从而走到另一条路上去。或者说人生像高速路上的汽车，不是随时可以掉头的。

　　李斯的人生中，一个重要的选择是选择做官仓中的老鼠，而这个选择的原因是他在上蔡产生的一个念头。

　　上蔡是楚国的一个粮库所在的地方，当时的李斯是粮库的小职员，估计像任何低级公务员一样，收入不高、地位不高。作为一个有才华的年轻人，对这样的生活肯定不满意。就在这样的沉闷而不快乐的一天，他看到了一个启示。

　　他看见厕所里的老鼠。这些老鼠找不到多少吃的东西，饿得瘦瘦小小，而且每当有人来的时候，都吓得到处乱跑。

　　他也看到了官仓里的老鼠。这些老鼠每天足吃足喝，长得肥肥胖胖，而且——也许是因为官仓的管理者懒惰——见了人动都不动。

于是他恍然大悟，领悟到了人是不是能富贵，是和他所在的环境有关系的，同样是老鼠，在不同位置上就有完全不同的生活。他也想富贵，于是他产生了一个念头：要做就做官仓鼠。

在这样一个念头产生的时刻，在这样一个选择产生的时刻，实际上他未来的命运就已经成形了。

别的人可能有别样的选择。

比如有个故事叫"城里老鼠和乡下老鼠"，有只乡下老鼠进了城，看到城里老鼠肥吃饱喝，也挺羡慕，但是发现城里的老鼠过得提心吊胆，于是决定还是回乡下，过简朴但是踏实的小日子去。

再比如庄周也曾经有机会去当高级官员，但是他拒绝了，他说"乌龟被当作灵龟，骨头被放在祭台上供起来，和乌龟在泥水中自由生活，哪个更好？我选择在泥水中自由生活。"

当然我们看到这里有一个不同，"城里老鼠和乡下老鼠"的故事中城里是更危险的；庄周的故事中，祭台的乌龟是要没命的；而李斯看到的是：官仓鼠不仅仅吃得好，而且还更安全。

于是他选择了做官仓的老鼠。

这之后，他去求学，成了一名优秀学生，然后出国，到了秦国去求职。凭借不顾一切往上爬，他终于成了秦国的高级官员——进了官仓，当上了大老鼠。他也可以肥吃饱喝了，因为有天下百姓生产的粮食。当然，也许百姓不是很高兴，他们也许会说"硕鼠硕鼠，无食我黍！三岁贯女，莫我肯顾。逝将去汝，适彼乐土"。但是没有关系，李斯辅助国王嬴政灭了其他的国家，这样那些百姓们想出国去什么"乐土"也不再可能了。李斯的幸福生活开始了。

很快，又结束了，他和儿子一起被带到刑场，以腰斩之酷刑杀死。没有听说有谁同情他。在那一天，他感叹地对儿子说："我想要再和你一起，牵着狗出去打猎，是不可能了。"

出来混，总是要还的。官仓老鼠，也不是没有危险的，等到成为被抓住的那只老鼠，李斯的好日子就到头了。

这个命运，真的可以说实际上在上蔡粮仓做选择的那一天，就已经基本决定了。侥幸逃避这个命运的可能性，实际上微乎其微。

因为，在那一天他做选择的时候，他就忽视了一个事情，那就是官仓老鼠的风险。而这个风险——乡下老鼠和庄周都已经提前看到了。这说明，他没有足够的人生智慧。

而更重要的心理学原理是，当一个人强烈地认同一个动物的时候，他会自然而然地具备这个动物的所有心理品质。岳飞认同大鹏，于是有凌云之志；苏轼认同鸿雁，因此有超然之态；李斯认同老鼠，他的种种表现也就越来越"老鼠"。这是因为当一个人强烈地认同一个动物时，他的潜意识中，就会把自己"看成"是这个动物。这个过程如同一个催眠，会使得这个人越来越像这个动物。另一方面，一个人之所以认同这种动物而不是另一种动物，也是因为他本性中和这个动物的特点比较接近，或本来就有这个动物的特点。

老鼠的优点，是比较机智，有小聪明。因此，他可以给嬴政出不少主意，所以后来能当上丞相。

还有老鼠是窃盗者。愿做官仓老鼠，因为物质利益，这说明李斯贪婪而没有更高的理想。官仓老鼠，窃取的是民脂民膏，说明李斯也没有多少道德操守。李斯也的确如此，他为了个人的一己之私，逢君之恶，助纣为虐，干了不少坏事。老鼠过街，人人喊打。因为他做的是这样的硕鼠，所以也没有人会想要帮助他。所以，当他被另一个奸人赵高所谗害的时候，也没有任何人试图用任何方式来帮助他。当然，后世的奸邪之辈也不断进化，学会了在硕鼠之外，又增加了狐狸的狡猾，学会了和同伙狼狈为奸，所以比起李斯要更加安全。李斯，还不过仅仅是个硕鼠，所以还不懂这些。

鼠目寸光，因此李斯目光短浅。他贪图权利享受，但不知道其中的危害有多大。同样，他为嬴政出谋划策，让他一统天下，暂时当然是立下了大功，但他的作为对天下的危害，甚至对自己的危害，都没有提前预估够。当你把独裁者捧上权力的宝座，那也意味着他有权力对你随意生杀予夺。在独裁专制之下，没有人是安全的，即使你是所谓"一人之下，万人之上"。自古至今，概莫能外。鼠目寸光的李斯，最后还是被自己捧上台的主子弃如敝屣，甚至惨遭屠戮，也是智者意料之中的事情。

老鼠胆子很小，李斯实际上也是这样。他不是恶狼、不是枭雄，只是一只官仓的老鼠。这使得在政治斗争中，他并没有多少"战斗力"。当成为秦始皇的嬴政暴病死于出游的途中时，李斯本来也并没有计划搞宫廷政变。如果没有赵高出场，可能事情就是，李斯乖乖地回去，让嬴政的长子正常继位。但是，赵高是一个狡猾而阴险的人，如果用动物来比拟赵高的性格的话，赵高也许是狐狸。于是赵高劝说李斯，假传诏书，逼死嬴政的长子，让和他们关系更好的胡亥继位。以李斯的胆子，他自己是不敢这样做的，但以李斯的胆子，他也不敢在赵高、胡亥的身边而反对这样做的，更何况他也觉得这样对自己更有利，于是他同意了，参与了。而胡亥的上台，使得赵高从一个什么也不是的小太监变成了实权派。而赵高不能允许有别人的权利存在，于是身为丞相的李斯就在劫难逃了。如果李斯更勇敢些，在这个过程中，他完全可能有不同的作为——比如扶胡亥刚继位，就劝告胡亥杀掉赵高灭口，自己以丞相大权作为辅助，从而避免自己未来的竞争者存在——但是，一只老鼠哪有这样的狠劲。

老鼠这东西，瘦小的时候还挺机灵，越肥越笨，因此，李斯位高权重的时候，也就是他离死不远的时候。所以，后来他死了。

他选择做官仓鼠，所以也就是一个鼠辈的命，被轻而易举地打死了。这命运可以说早已注定，因为就算没有赵高这个狐狸，还会有其他的狐狸、猫或者什么别的动物吃掉这只老鼠。

起心动念，可不慎乎！认同动物，可不慎乎！

也许有人会问，如果是你，不做官仓的老鼠，你难道会选择做厕所的老鼠吗？

我的回答是，我不做老鼠。

在人生的很多选择时刻，人最容易犯的一个错误，就是画地为牢，缩小了自己的眼界，只看到少数的选择。当他们认为，选择只有厕所老鼠和官仓老鼠这两种时，可能官仓老鼠还是稍微好一点的选择。但是如果他们知道，实际上你还可以做别的动物，不一定仅仅是做老鼠的时候，你会发现还有很多其他的选项存在。

战国时期，并不是一个只能做老鼠的时代。但正是李斯等这些鼠辈，和嬴政等虎狼之国的人一起，才把世界逐渐变成一个更黑暗的世界。在这个世界中，越来越多的人要不就做羊，要不就做狼。所以我会听到有人问："在任人宰割的羊，和贪腐邪恶的狼之间，你做哪一个？"

我的回答是，我都不做。实际上，我们永远有其他的选择。

而我们的选择，就将是我们的命运。

高贵的心灵

——从心理学角度解读刘、项、韩、张的关系对楚汉战争的影响

针对楚汉战争的历史学研究可以说是汗牛充栋。楚汉战争对于中国历史来说，最重要的就是汉胜楚败。对楚汉战争的研究也多集中在这个方面。马克思史学的代表历史学家范文澜在《中国通史简编》中说："推究刘胜项败的原因，主要在于刘邦的拥护者是广大农民特别是旧秦的农民，项籍的拥护者中只是些野心的领主分子。两人所依靠的力量不同，因之后果也不同"，"项籍代表领主残余势力，要把社会倒退到秦以前的旧时代去，阻挠历史前进的趋势，他只能成为一蹶不振的可怜虫"。也就是说马克思主义史学家认为导致胜败的根源在于两人所代表的利益不同，和他们身后的拥护者的不同。历史学中的另一主要观点就是刘邦善用人才论。刘邦在公元前202年(高祖五年)，置酒宴饮文武高官的时候曾经问："吾所以有天下者何？项氏之所以失天下者何？"这时都武侯高起、信平侯王陵回答道："陛下慢而侮人，项羽仁而爱人。然陛下使人攻城略地，所降下者因以予之，与天下同利也。项羽妒贤嫉能，有功者害之，贤者疑之，战胜而不予人功，得地而不予人利，此所以失天下也。"刘邦却说："夫运筹策帷帐之中，决胜于千里之外，吾不如子房。镇国家，抚百姓，给馈粮，不绝粮道，吾不如萧何。连百万之军，

战必胜，攻必取，吾不如韩信。此三者，皆人杰也，吾能用之，此吾所以取天下也。项羽有一范增而不能用，此其所以为我擒也。"此说为史学界大部分人所赞同，很长一段时间，人们都认为刘邦的话道出了天机，即刘善于用人而项不善于用人。

而从心理学的角度，运用心理学的方法来研究这段历史的，则不多见。嘉应学院教育系刘锡娥从心理学的视角给出一个完全不同的观点——项羽成败归因论。她认为从心理动机上分析，楚汉争霸之所以刘胜项败最根本的原因是项羽从心理动机上就根本没有想取得天下，而仅仅是想覆秦兴楚，成就霸业，而没有想做皇帝的动机，所以才最终败于一直想当皇帝的刘邦手里。而西北大学中国思想文化研究所的程远先生则认为造成项羽失败的主要原因是由于项羽的复仇心理。程远先生从项羽的复仇心理入手分析了项羽在这场战争中必败的深层心理原因。

这两种观点都是运用心理学的分析方法，得出与传统史学完全不同的结论。但是这些分析和研究略显单薄。我认为从心理学的角度分析历史事件和重要的历史任务，主要有两个角度：一是从历史的全局来看，一件重要的历史事件给一个民族和国家的人民，造成了怎样的心理影响。另一方面就是，处于历史转折关口的风口浪尖上的英雄人物的个人因素如何影响了历史的进程。

朱建军老师的《心灵的年轮》其实就是从历史进程的全局角度看待一次次重要的历史事件是如何影响了我们一个民族的性格。他认为中国的集体意象是"被阉割的龙"。先秦的中国人生活得还是很健康的，但是自秦以后，中国人受到了一次一次的大创伤，从而形成我们现在有着"冷漠麻木，诈伪不诚，是非不分，窝里斗，伪善而好抱怨，爱面子胆小怕事"等有着严重心理问题的国民性。第一次大创伤就是秦统一六国，中国人"选个大盗做皇帝"，秦始皇焚书坑儒、严刑苛法，开始藐视个人做人的尊严，开始不把人当人，而仅仅当作皇帝的"奴才"。但是"秦代的中国人血气尚存"，所以才会有秦末诸侯共抗暴秦。不过，抗暴秦的最后结局是一个"流氓"刘邦成为天下之主，而作为我们中华民族的血性、尊严的贵族精神的代表项羽一败涂地。这是对我们中国龙的又一次严重的"阉割"。楚汉争霸的直接结果就是"中国人记住了成王败寇，学会了不择手段，认可了无尊严的生活"。

但是这样的历史事件是如何发生的呢？作为风口浪尖上的刘邦、项羽、韩信等人，又是如何影响了这个历史的进程呢？历史在微观方面呈现的又是一个怎么样的图景呢？本文正是在这些方面，运用心理动力学派的潜意识理论、心理动机的分析、自卑情结的分析等心理分析方法，分析刘邦、项羽、韩信三人的关系及其在关系中透露出来的个人深层次的潜意识，来揭示微观方面的历史所展示给我们的另外一幅图景。

一、项羽与刘邦：贵族精神和平民精神的较量

中国人有个最鲜明的图腾——龙。朱建军在《心灵的年轮》中给出了我们一个中国人的意象——被阉割的龙。被阉割掉的是什么呢？是中国人的血性，是中国人的尊严，是先秦的贵族精神。

项羽可以说是先秦贵族精神的代表。先秦贵族精神的最主要表

现就是极其重视自己作为一个贵族的尊严，不恃强凌弱，不乘人之危，珍重对手的尊严和人格，不嘲笑侮辱对手，不做"痛打落水狗"的事情，讲廉耻、仁义，遵守传统的战争社会规则，骄傲，宁折不弯，勇敢自信，坦率直爽，重视道义，保护弱小，等等。

"先秦贵族精神中还有很不同于后来的一点，也是很有特色的一点：复仇精神。"（程远先生在《试论项羽的复仇心理》一文中对先秦复仇心理的社会根源及此心理对项羽的影响作了很详细的论述，这里仅引用程远先生的结论以做分析。）"复仇心理在那个时代不是作为社会道德的反面而存在的，反而是社会道德的一部分，是值得骄傲的一件事情，因此，那些刺客的精神是深受司马迁夸奖的，张良等人也将为国为家族复仇作为自己很重要的人生价值取向。"所以，复仇精神是贵族精神的一大表现。

我们现在将项羽坑杀秦降卒视之为滥杀，而将刘邦不杀降卒作为项羽残暴而刘邦仁义的证据实际上是以今人之尺度来衡量古人的，是不够公正的。"平心而论，每个时代都有自己的社会道德标准，心理健康的一个重要标准就是看其是否符合当时社会道德要求。"刘邦之所以没有像项羽那么大规模的杀秦卒而最后换取一个仁君的美名，其实不是因为他"仁义"，而是因为他没有那么深的复仇心理，没有贵族那种家破国亡的刻骨铭心的仇恨。而秦末战争的重要作用是解构——就是打破原来贵族治国的结构。先秦是一种封建制度，王是最大的君主，王将土地划成块儿分封给诸侯，诸侯再划块儿，分封给门下的士大夫或自己的儿子等。而这些王、诸侯、士大夫就是我们这里提到的贵族。而这些贵族之间都或多或少地存在着一些血统上的关系——因此可以说，后来魏晋时期的士族、庶族、地主之争最早可以追溯到这里——而且先秦是一个"家即是国，国即是家"的时代。西周还好，王道不衰，但到了东周时期，尤其是春秋战国时代，王道日微，礼崩乐坏，中国走到了一个强权即公理的时代。但是它也有自己的潜规则，就是贵族治国——其实就是治家。而此时王和诸侯的权威已下降到影响很小的地步。最有代表性的就是历史上最著名的"三家分晋"，晋作为一个诸侯的地位和影响已远不是其作为春秋五霸时的那样了，而被自己的三个士大夫分为赵、魏、韩三个国家。而周王则成了一个摆设，掌握着这个时代社会政治经济活动的是那些深具社会影响力的贵族家族。因此，后人并不是以原来贵族的社会道德体系来做判断，所以，刘邦才留下一个"仁君"的美名，而项羽却承担"凶残嗜杀"的恶名，殊不知在先秦贵族眼里，项羽才是真正的"仁君"。所以项羽之"嗜杀"实在是贵族精神下的产物，而非凶残的证据，是更证明项羽是贵族精神的代表。

从表面上看，刘邦胸中有雄才大略，所以他才会最终取得楚汉争霸的胜利，而项羽小肚鸡肠，优柔寡断毫无政治远见。其中最有代表性的就是他成为西楚霸王之后分封诸侯的事件，将其政治幼稚体现得淋漓尽致。但是以心理学的眼光观之，我们认为一个人能将一件事情做成什么样，是与其心理动机紧密相关的。而且依照心理动力学的观点，当我们在做一件事情时，做得好坏和在各种关键问题上的选择和处理，是与我们内心心理动力和各种情结、潜意识动机紧密相关的。"更直接地说，我们的行为和选择更听从我们潜意识的指引，而非我们意识到意识。"以此为据观之，项羽之所以表现出极端的政治幼稚性，再对照他在楚汉争霸之前反秦斗争中机智勇敢、有勇有谋，百战百胜与在楚汉争霸中处处掣肘，最终被彻底打败乌江自刎之间的巨大反差，我们就能发现其深层次的潜意识动机是：项羽只想争霸取得霸王的成就，而根本没有想当皇帝。其现实原因就是项羽是世代贵族出身。先秦时代，诸侯、王与家族的关系是密不可分的。"虽然秦始皇认为自己前无古人后无来者地新创了一个'皇帝'的称号，但也仅仅存在几十年，远没有贵族家族的影响更为深远。"所以在项羽的心里，自己的贵族血统是比什么皇帝之类的称号更为自豪和重要的东西。春秋战国几百年的争霸战争和周王朝的王权旁落使得贵族家族的影响和地位更加重要，"王位"反而成为一个可有可无的东西，实在不行"三家分晋"就好了。在项羽眼里，他根本没有把这个"皇帝"的"王位"放在眼里，他最为看重的是自己血统的高贵，所以他才敢把那个身份可疑的放牛小子"楚怀王熊心"杀死，因为在他看来，他根本就不是什么贵族，也根本不配当什么楚王。当他的历史使命完成时，杀了也就杀了，天下人也是这样想的。即使大家有什么意见对他来说也无所谓了，因为他已经成为"西楚霸王"，跟原来的春秋五霸，战国七雄一样，是天下霸主了。杀楚怀王也是我们楚人自己的事情了，跟外人已经没什么关系了。

但是此时的天下委实不是春秋战国时的天下了。秦始皇灭六国一统天下，已经是一次很彻底的对春秋战国游戏规则的大洗牌——虽然洗得不是那么彻底，因为毕竟六国贵族像张良、项羽之类还是存在，而且还具有相当大的社会活动能力和号召力。但是对于绝大部分没有什么教育背景和社会影响力、决定力如陈胜、吴广、刘邦之类的平民来说，春秋战国的贵族治天下的遗留影响已不是那么的大——因为那些规则是贵族们的规则，跟我们这些平民没什么关系。换句话说就是他们不需要什么彻底的解构，因为他们根本就没有什么构造。更何况还有陈胜、吴广的"王侯将相宁有种乎"。在这些新的结构和新的巨大的社会力量推动下的秦末战争，早已不是那些六国贵族所想象的要推翻秦的一统天下，回归到分封诸侯，共奉天下霸主的春秋战国时代的贵族家族治天下的时代了。这就是秦末的"时势"。

所以有人说刘邦项羽都是英雄，项羽是本色英雄。项羽具有很高的审美价值；而刘邦是顺应时势的"时势造英雄"，具有很高的实用价值。楚汉战争之所以在几千年的历史舞台上被人们传唱不休，就是因为项羽、刘邦满足了人们不同层次的需要，可以让人们根据自己的不同需要各取所需。需要不择手段做事情的就引用刘邦——成功是最重要的，要尊严规则什么的有什么用？胜者王侯败者寇。而有些事情做不成或者"不想做"的呢，就在精神上认同项羽的"天亡我，非用兵之罪也"，以取得精神上的"高贵"。因此，项羽之败是败在自己想成为西楚霸王而不想成为皇帝的心理动机上，换句话说是他的贵族精神使他在这个社会大解构时期已经不再顺应时势了，因此，才会在这场战争中犯了许多我们现在看来很幼稚的战略战术、政治上的错误，从而一败涂地。其实这些错误——或者说他自己遵守的战争规则——是原来贵族治国时期要真正遵守的，是浸透到贵族骨子里的东西。

而历史为什么最终选择了刘邦这么一个平民，或者不客气地说，这个"痞子"成为我们的真龙天子呢？从宏观上来看，解构先秦"贵族治国"的社会政治道德体系的历史任务肯定要落在一个平民出身的人身上；从微观上讲，刘邦的个人品质使他更能彻底地完成这个历史使命。

首先，平民是与贵族相对的或者从某种意义上讲是与贵族"实力"相当的。这种实力相当主要表现在后起的这些非贵族拥有很多田产和一定的知识，就像刘太公之类的平民阶级——套用后来的一种提法，先秦的贵族就是世代"士族阶级"，而现在所提到的平民阶层其实就是后来的"庶族阶级"——已经形成一定的气候，有很强的实力。这以秦商鞅制定新法后靠军功、耕田新起的"新贵族"为代表——这样一个新兴阶层，虽然已经有很大的实力，但是从集体心理层面上来说，平民庶族还是觉得在心理上输贵族们一层，贵族们也是从心底就瞧不起这些暴发户。所以项羽才敢那样随意按照自己的意愿分封诸侯，而根本就不顾及什么政治上的长远打算；他才敢杀死那个身份十分可疑的"楚怀王"，而自封为号令天下的"西楚霸王"。但实际上，从实力上来讲，在这个时期六国贵族的实力已经很小很小了。分封的诸侯中很少有贵族血统的人，多数都是盗贼、山大王。所以项羽的打算其实是很不符合当时的社会实际的。但是从项羽的心理上来讲，他认为这是很合理的，而且分封这些盗贼、山大王等的人为诸侯，其实已经是对他们很大的"恩赐"了。而这些平民庶族们可不这么想："王侯将相宁有种乎""有枪就是草头王"，我们都有枪有粮的凭什么还要屈居你之下，听你们这些靠血统就想压我们一头的人呼来喝去的呢？而另一个贵族的代表张良则早就看清了这些，所以他就乖乖的当了刘邦的谋士，而在刘邦成为汉高祖之后赶紧回家"辟谷"去了，才得以善终。另一个破落贵族，处于贵族和平民身份之间，还略带有身份识别障碍的韩信则在这种贵族的高傲和实力强大的平民的冲突下最终送掉了自己的性命。

其次，刘邦自己的个性对这次社会道德秩序的大解构起了很重要的推动作用，并使他能够更彻底地完成解构贵族治国的历史使命。历史规则和按照这个历史规则推动历史进程的人的关系是紧密相关的，更是相互影响的。执行历史使命的重要人物的个性会对历史的发展起很大的推动作用，对以后历史的发展也有很强的选择效果。刘邦的痞子个性使其没有被先秦的贵族精神所束缚，是他"谁都不吝"彻底解构了先秦贵族治国的体系。而且更具个性的是，他将整个帝国的人民士族的新的道德规范设定为自己在楚汉战争中表现出来的"不择手段""没有尊严"。这种历史的选择是带有刘邦这个人很强个性的，是由他这个人决定的。可以说，秦末对贵族治国的解构的历史使命具有历史发展的必然规律性，历史选择了刘邦这个人来完成这个使命，那么建设新的社会道德政治秩序的任务也相应地落在他的头上，并深受他个性的影响。前一个阶段是历史的选择；后一个阶段，则在某种意义上说是刘邦创造了历史，对历史作了一定的选择。

二、刘邦与"刘氏冠"：自卑与超越的情结

那么刘邦的个性又是如何影响了历史的进程，他的哪些个性影响了社会道德政治秩序等的重新建构呢？我们先看一些史料。

1. 《史记》载："高祖为亭长，乃以竹皮为冠，令求盗之薛治之，时时冠之。及贵常冠，所谓'刘氏冠'乃是也。"刘氏冠，其形制

《索隐》引应劭云："一名'长冠'。侧竹皮裹以纵前，高七寸，广三寸，如板。"《庄子》曰："儒者冠圆冠者，知天时。"又"进贤冠，古缁布冠，文儒者之服也，前高七寸，后三寸，长八寸……博士两梁……小史私学弟子皆一梁。"（《太平御览》卷六八五《服章部·进贤冠》引董巴《汉舆服志》）

2. 沈从文先生的《中国服饰史》中，西汉时"服饰上的等级差别已十分明显。主要表现，是冠服在因袭旧制的基础上，发展成为区别等级的基本标识……长冠，以竹为胎骨，外用漆纱糊制，长七寸，宽三寸，形如鹊尾，故俗称鹊尾冠，是楚国旧有形式，西汉时被定为公乘以上官员的祭服……而一般男子则平时冠巾约发且不裹额，或只是束发加笄"。

3. 朱和平先生在《中国服饰史稿》中提到"刘邦当年做亭长时用竹皮自制的刘氏冠不许一般人戴"。

4.《史记》载："沛公不好儒，诸客冠儒冠来者，沛公辄解其冠，溲溺其中。与人言，常大骂。未可以儒生说也"。

心理动力学是很注重对人一些细节上的观察和分析的。心理动力学认为正是这些看似无关紧要的细节其实才真正地反映了我们内心深处潜意识中的真实想法。这些看似很细枝末节的史料，其实正反映了刘邦潜意识中很重要的东西：他内心深处很以自己没有知识而自卑，又以很瞧不起读书人来掩饰这种自卑。为了超越这种自卑，他自做"刘氏冠"以克服之。著名心理动力学家阿德勒曾经论述过人的两种很重要的心理："一是自卑与超越。当我们自卑时就会用一种超越行为以抵消这种自卑；另一种就是家庭行第、出生次序、家庭气氛等对个人心理成长的重要影响。"

我们先来看第二种。《史记》载刘邦年轻时"不事家人生产作业"整天四处游荡，游手好闲不务正业。《史记》上还有另一段记载"未央宫成，高祖大朝诸侯群臣，置酒未央前殿。高祖奉玉卮，起，为太上皇寿，曰：'始大人常以臣无赖，不能治产业，不如仲力。今某之业所就孰与仲多?'殿上群臣皆呼万岁，大笑为乐。"由此，可以推出刘邦年轻时不为父亲所喜爱，或者说刘太公对刘仲的喜欢远在对刘季的喜欢之上。根据阿德勒的理论，我们可以大胆地推断：刘邦在心理上会很想超越大哥。因此，才会在取得天下，未央宫城大宴群臣时说出"始大人常以臣无赖，不能治产业，不如仲力。今某之业所就孰与仲多?"的话。因此，刘邦的自卑与超越的心理情结可以最早追溯到与大哥刘仲对比以争夺刘太公对儿子的喜好上。通过前面的史料我们可以看到，刘邦自制之"刘氏冠"与儒生所戴之"儒冠"很是相似，而且在刘邦登基之后，还将"刘氏冠"作为对功臣很重要的奖赏和荣誉身份的代表。朱建军认为每个意象都有其象征意义。如果将"冠"看作一个意象的话，那它象征的就是身份、地位、荣誉等东西。刘邦往儒生的帽子里撒尿以表示自己对读书人的瞧不起和不屑，而偏偏自己在做小亭长的时候就做一项和儒冠很相似的"刘氏冠"自戴，这更说明了刘邦的这种"自卑与超越"的矛盾心理。

在先秦和秦朝，儒生和贵族的关系很是密切，可以说那时的读书人就是贵族的代表，儒生就为贵族服务的。因此推而广之，刘邦的这种矛盾心理也一定对他做其他事情有很大的影响。例如，对贵族的态度，他对项羽这样的贵族是很自卑的，其与项羽作战屡战屡败恐怕就不仅仅是军队实力和指挥策略上的问题，最明显的是公元前205年汉王刘邦率六诸侯五十六万人入彭城。项羽以三万人自齐南下打破汉军，汉王逃走，父太公、妻吕氏皆被楚军所俘获。如此惨败绝不仅仅是军事实力和战略指挥的差距所能解释得了的。唯一的解释就是汉王刘邦从心底就十分害怕这个西楚霸王项羽。那他为什么会这么怕项羽呢？仅仅是因为项羽百战百胜的威名吗？我认为原因肯定不会如此简单。真正的原因是刘邦从心底对项羽有很强的自卑。而这种自卑从根源上来讲，就不仅仅是刘邦自己对项羽有很深的自卑这么简单了。这就和我们前面论述过的在这个道德、秩序大解构时期，这些"新贵族""平民阶层"的草头王们的集体潜意识中的平民阶层对贵族阶层的自卑有很大关系了。

三、韩信与刘邦：尊重和身份重于一切

而为什么最后垓下之战刘邦能最终打败项羽呢？因为指挥垓下之战的是贵族韩信——虽然仅仅是一个破落贵族，但是这个破落贵族有着先秦贵族的出身、精神和气度。所以在心理层面上，这个破落贵族并没有像刘邦一样对项羽有那么强的自卑心理，因此，最终打败项羽的历史使命由韩信执行而非刘邦。

刘邦对贵族的自卑和补偿的心理更表现在刘邦和韩信的关系上。韩信被杀正是因为刘邦对贵族有很深的自卑心理，这种自卑并不一定被他自己意识得那么清楚，但是其外显出来就是对贵族出身的人不信任甚至仇视。那么，就存在一个问题，同为贵族出身的张良，为何就深为刘邦所信任呢？

我们来看看刘邦与这两个人相见的情景。刘邦见到韩信的场景是：

……择良日，斋戒，设坛场，具礼……信拜礼毕，上坐。王曰："丞相数言将军，将军何以教寡人计策？"信谢，因问王曰："今东乡争权天下，岂非项王邪？"汉王曰："然。"曰："大王自料勇悍仁强孰与项王？"汉王默然良久，曰："不如也。"

刘邦是在众人面前设祭坛上台亲自拜将，而且两人一谈话，韩信就指出刘邦的不足，而且是将刘邦和项羽相比较，这样虽然成就了刘邦爱才的美名，但是在刘邦潜意识的自卑心理中，这正是在戳其痛处，所以在其心里，这时候已经对韩信恨之入骨了，只不过是为了自己的大业着想，忍气吞声罢了。而韩信为什么要这样呢？因为韩信身上还有很多先秦贵族的骄傲和骨气，从心里还是有些瞧不起平民的。例如，韩信在淮阴时宁肯受胯下之辱也不肯与街头小痞子动手打架，从某种意义上就是自重身份，不与"小人"争高低。韩信去投奔项羽而非投奔沛公，就是因为在心理上韩信更向真正的大贵族项羽认同，而瞧不起那些草寇式的山大王。但是项羽根本不把这个小破落贵族放在眼里，这让韩信很受打击，他心里应该是窝了一肚子的火，于是只好来投奔沛公。那时韩信的心里应该在想：我现在跟一个没有贵族身份和架子的人相处应该就能显示出我贵族的优势了吧？甚至说他要把在项羽那儿被瞧不起的难受和委屈，在刘邦这儿弥补回来。刘邦登坛拜将的举动极大地满足了韩信需要被人重视的尊严和骄傲，使得此时的韩信与自己心里那个真正高贵的贵族原型整合了起来，所以就变得很是高傲和自信起来。在看这段记载时，我们可以假设自己就在当时的那个场景中，这样就能很清晰地感觉到韩信那种自信和高傲。而这种高傲，这种不把贵族之外的人放在眼里的态度，正是刘邦所厌恶的。

这里就有个基本定位的问题。韩信是将自己定位为一个贵族，认为自己辅佐刘邦只不过是权宜之计，自己与刘邦不是什么主仆关系，最不济也应该是个平等关系。他甚至觉得自己在血统上还应该比刘邦高贵一些。所以在后来战争进行在关键的时刻，韩信敢于直接向刘邦要求做"假齐王"："汉四年，遂皆降平齐。使人言汉王曰：'齐伪诈多变，反覆之国也。南边楚，不为假王以镇之，其势不定，愿为假王便。'当是时，楚方急围汉王于荥阳，韩信使者至，发书，汉王大怒，骂曰：'吾困于此，旦暮望若来佐我，乃欲自立为王！'张良、陈平蹑汉王足，因附耳语曰：'汉方不利，宁能禁信之王乎？不如因而立，善遇之，使自为守。不然，变生。'汉王亦悟，因复骂曰：'大丈夫定诸侯，即为真王耳，何以假为！'乃遣张良往立信为齐王，征其兵击楚。"由此可见，韩信对汉王的态度远远不是那种谋士对主公的态度，而更像是合作者——想让我帮你，可以，但是要给我好处。而且在这个小故事中，我们也看到刘邦所压抑的对韩信的愤怒。

也难怪刘邦当了皇帝之后，虽然不忍心，但是也还是愿意让吕后杀死韩信。

.

四、张良与刘邦：心理咨询师和最有成就的来访者

张良与韩信大不相同。张良看清楚了当时的社会大变革状况，散尽家财标志着他开始与原来的贵族身份分离，虽然他雇用刺客刺

杀秦始皇仍然是为了国仇家恨，这正是贵族精神的代表，但是这个行为也可以看作他在和以前的贵族生活和贵族身份做一个了断。之后，张良又藏匿乡间十数年，这期间他读兵法、史书，也绝对对社会的变革做了很深的分析和思考。当他见到刘邦时，已经不再是那种自恃身份，高傲的六国贵族了，而成为一种很现实的，要辅佐

张良

刘邦灭亡秦朝创建新朝代的谋士了。因此，张良是识时务的一代俊杰，张良非但没有瞧不起刘邦，反而很明白自己的身份是什么，从而深得刘邦的信任和重用。

据说，张良曾经遇到过一个高人，那个高人把鞋掉到了桥下。助人为乐的张良帮助他捡了起来，而这个高人不但不感谢还对张良很傲慢。但是张良却一点儿也没有生气（这和受胯下之辱的韩信不同），于是那个高人认为张良"可教"，给了张良一卷"秘籍"，这个秘籍让张良获得了以后的成功。

这不过是个传说而已，瞬息万变的战争中，并不是靠一本书指导就能成为张良这样的成功的高级参谋的。不过这个传说说出了张良成功的核心，那就是他能放下身份和高傲。

从刘邦这方面说，韩信和张良完全给他两种完全不同的感受和心理意义。韩信在其面前表现得高傲让他很是恼怒，可以说是揭他

心里的伤疤，恨不得对他杀之而后快，但是现实又要他对韩信委以重任，所以他只能把自己的怒火压在心里。在这样的情况下，刘邦怎么可能相信韩信呢？所以有如下记录。

1. 六月，汉王出成皋，东渡河，独与滕公俱，从张耳军脩武。至，宿传舍。晨自称汉使，驰入赵壁。张耳、韩信未起，即其卧内上夺其印符，以麾召诸将，易置之。信、耳起，乃知汉王来，大惊。汉王夺两人军，即令张耳备守赵地。拜韩信为相国，收赵兵未发者击齐。

2. 汉王之困固陵，用张良计，召齐王信，遂将兵会垓下。项羽已破，高祖袭夺齐王军。汉五年正月，徙齐王信为楚王，都下邳。

3. 汉六年，人有上书告楚王信反。高帝以陈平计，天子巡狩会诸侯，南方有云梦，发使告诸侯会陈："吾将游云梦。"实欲袭信，信弗知。高祖且至楚，信欲发兵反，自度无罪，欲谒上，恐见禽。人或说信曰："斩眛谒上，上必喜，无患。"信见眛计事。眛曰："汉所以不击取楚，以眛在公所。若欲捕我以自媚于汉，吾今日死，公亦随手亡矣。"乃骂信曰："公非长者！"卒自刭。信持其首，谒高祖于陈。上令武士缚信，载后车。信曰："果若人言，'狡兔死，良狗亨；高鸟尽，良弓藏；敌国破，谋臣亡。'"天下已定，我固当亨！"上曰："人告公反。"遂械系信。至洛阳，赦信罪，以为淮阴侯。

4. 陈豨涉嫌谋反，韩信被吕后骗至长乐宫而斩杀，

"上还洛阳，问淮阴侯之死，且喜且怜之"。

至此刘邦才把心中那口恶气出完，所以才对韩信之死"且喜且怜之"：喜的是此心中大事终于已了——项羽死了，韩信死了，天下还有谁敢瞧不起我刘邦？而"怜"的情绪背后心里的话恐怕是：你看，就算你是贵族又怎么样，就算你瞧不起我又怎么样，现在自作自受了吧？

现在让我们看一下刘邦和张良初次见面的过程。《史记》上没有像上面这么详细的记载，仅仅说："……良欲往（景驹）从之，道遇沛公……遂属焉，沛公拜良为厩将。良数以《太公兵书》说沛公，沛公善之，常用其策。良为他人言皆不省。良曰：'沛公殆天授。'故遂从之，不去见景驹。"从这里我们看不到张良与刘邦说话时那种自恃贵族身份高高在上的语气和态度，相反，他是恭恭敬敬的，以谋士对主公的态度对待刘邦。张良给刘邦带来很好的心理感受，让刘邦觉得：虽然我不懂什么兵法和文韬武略，但是你一说我就明白；虽然我没有你们那么博学，但是我可以让你们服我，我可以给你们提供施展自己能耐的平台。所以"良数以《太公兵书》说沛公，沛公善之，常用其策。良为他人言皆不省。良曰：'沛公殆天授'"。这种怎么看都透着些许吹捧的话在刘邦听来很是受用的，并且给了刘邦以很好的正性心理暗示。更重要的是张良是一个不折不扣的大贵族，刘邦会想：我的谋士阵营里有这么高级别的人物，而且他又是那么服我。作为主子，有一个大贵族给我当谋士，这是多么长精气神儿的事情啊！所以刘邦在最后总结自己的经验时很是自豪地说："夫运筹策帷帐之中，决胜于千里之外，吾不如子房。镇国家，抚百姓，给馈粮，不绝粮道，吾不如萧何。连百万之军，战必胜，攻必取，吾不如韩信。此三者，皆人杰也，吾能用之，此吾所以取天下也。"这不能不说跟张良最早给他的这种良性的心理暗示有莫大的关系。

通过史实我们知道刘邦在遇到张良之前是个不折不扣的"流寇"，根本没有什么像样的谋士和军队，有的只是诸侯并起的混乱和想浑水摸鱼的侥幸心理。在他起义早期，部下有的只是县吏萧何、曹参，狗屠樊哙，吹鼓手周勃。就算刘邦神才天授，他怎么可能就领着这些人在群雄中脱颖而出，逐鹿中原最终成为天下共主呢？虽然《史记》等史书上讲刘邦时夸的就是刘邦之才实乃天授，但是在他起义到遇到张良这一段比较短的时期里，我们看不到刘邦的雄才大略。以常识判断之，遍观中国历史，可以发现中国农民起义很少能真正地改朝换代，而经常是充当了地主阶级改朝换代的炮灰。而平民出身最终取得天下的只有刘邦和朱元璋两个人。究其原因，就是因为中国农民没有文化，没有大局经验，没有真正能改朝换代的能力，有其阶级局限性。刘邦为什么能突破这种局限性成为一个朝代的开国皇帝呢？可以大胆地推测，这与张良给他的这种巨大的心理暗示有着莫大的关系。张良的出现，使他打破了以前自己"流寇"的局限意识，使他能从全局上考虑，真正有了"雄才大略"的意识。以常理和心理尺度度之，在群雄并起，且六国贵族有很大号召力的局面下，刘邦可能会在贵族们的面前觉得低人一等，他不见得一开始就有问鼎中原的雄才大略。而且通过对"刘氏冠"的分析，使我们看到了刘邦对于贵族其实是有很强的自卑情结的。张良的出现，为刘邦起到了很好的心理治疗作用。陈胜、吴广的"王侯将相宁有种乎"使刘邦第一次知道自己也可以封侯拜相，但他不一定会有问鼎天下的想法，因为现实中有许许多多的贵族比他更具有实力和机会。是张良的出现，更使刘邦明白了贵族们的时代原来已经真的成为过去：这么个天下闻名的大贵族都认我为主公了，那我当然可以打败那些贵族成为天下之主啊！

张良对刘邦的心理意义是至关重要的。甚至可以说没有张良，历史也不会让刘邦这么一个小痞子那么好地领导那么多人才完成一统天下的霸业。刘邦的自卑情结正是在张良这剂良药的治疗下，产生了很强的补偿的心理能量，从而最终完成了改朝换代的大业。从反面来说，韩信、项羽等人作为刘邦必须超越的对象，作为自己自卑情结的外显，在不断地刺激着刘邦，使他能不断地产生更大的超越自卑的心理能量，从而克服种种困难和阻力，完成一统天下的霸业。

五、韩信与他自己的位置：一生没找到自己的定位

楚汉战争从心理能量上来看是项羽代表的贵族精神的心理能量和刘邦所代表的平民或者说庶族精神的心理能量之间的较量。项羽可以说是比较纯的先秦贵族精神和英雄精神的代表；但是刘邦所代表的平民精神则加入了太多的个人因素，并且使平民精神在最后蜕变成了"痞子精神"。在这场较量中，我们还可以看到一个处于贵族精神和平民精神之间的代表——韩信。韩信的悲剧不仅是他一个人的悲剧，更是社会转型时期处于两种心理能量夹缝和转变过程中不

适应而造成的时代的悲剧。

韩信是生活在矛盾之中的，现实的矛盾就是"反还是不反"，是甘心做刘邦的一员大将还是自立为王。这是缠绕韩信一生的一个问题，所以他才会在一些问题上做出十分不合情理的举动来。例如，武涉、齐人蒯通等人劝说韩信自立为王，与项羽刘邦三分天下，当时的韩信绝对有这个实力，但是他义正词严地拒绝了，但是当汉王正危急需要他出兵救助时，他却要求汉王封他为"假齐王"作为出兵的交换条件；作为刘邦的部下明知道刘邦靠郦食其已取得齐国，但仍发兵攻齐而引起汉王的猜忌和不满；"项王亡将钟离眜家在伊庐，素与信善。项王死后，亡归信。汉王怨眜，闻其在楚，诏楚捕眜"。韩信包庇钟离眜许久而引起刘邦不满却仍隐匿不报，但在刘邦正在找借口要缉拿韩信时却杀了钟离眜以向刘邦表现自己的忠心；在他羽翼最为丰满时被人屡说而不反，最后却劝说一个实力最弱最不可能造反成功的陈豨造反而最终被牵连进反案被杀。韩信的一生充满了这些离奇的不合常理的悖论和矛盾。

以常理观之，作为一个天下无敌，拥有大智慧，号称将兵"多多益善"的大将韩信，为什么会在这些重要问题上犯这些十分幼稚的错误呢？一个最重要的原因就是韩信在自己的身份识别上存在障碍，自始至终他就没有在这个社会解构时期和逐鹿中原的游戏中给自己一个很好的定位。

韩信是破落贵族出身，这在史学界已有定论。少年时代在市井中长大，自小衣食不保，还经常受市井流氓的欺负甚至受到胯下之辱。我们不知道韩信年少时更多的生活信息，但是从《史记》几句简短的记述中可以略知一二。

淮阴侯韩信者，淮阴人也。始为布衣时，贫无行，不得推择为吏，又不能治生商贾，常从人寄食饮，人多厌之者。常数从其下乡南昌亭长寄食，数月，亭长妻患之，乃晨炊蓐食。食时信往，不为具食。信亦知其意，怒，竟绝去。

……

淮阴屠中少年有侮信者，曰："若虽长大，好带刀剑，中情怯耳。"众辱之曰："信能死，刺我；不能死，出我袴下。"于是信孰视之，俯出袴下，蒲伏。一市人皆笑信，以为怯。

我们还是能有一个感觉：韩信虽然生活十分困苦，但是他极力在保持自己作为一个贵族的尊严。没有衣服穿但仍要穿长衫、佩戴刀剑以显示自己贵族的身份，没有饭吃宁肯蹭饭吃也绝不偷抢，宁肯受胯下之辱也绝不与小人作无谓的争斗。这些都说明韩信很认同自己的贵族身份。如果韩信是完全地认同自己的身份，后面的故事也就不会像现在我们看到的这样令人费解了。

在《史记》中还有个很有意思的小故事，讲的是韩信在被贬为淮阴侯后闲居长安，每天无所事事，整天在街上瞎转，一天"信尝过樊将军哙，哙跪拜送迎，言称臣，曰：'大王乃肯临臣！'信出门，笑曰：'生乃与哙等为伍！'"这个故事与一开始韩信被刘邦登坛拜将时的高傲相互呼应，相映成趣。从这我们就可以看到韩信在心里是多么瞧不起这些平民出身的"暴发户"。樊哙，何许人也？他的夫人是吕后的妹妹，他与刘邦的关系就是民间俗称的"担挑儿"。打狗还要看主人，韩信这么毫不掩饰地表露出自己对这些"暴发户"的不屑，怎么能不让本来就有自卑情结的刘邦恨从心中起呢？这是韩信最后一次表露自己贵族的高傲，我猜想，之后的韩信会有一种十分凄凉又无奈的心情。所以最后他赤裸裸地告诉一个造反不可能成功的陈豨赶快去造反吧，我给你当内应，其实内心的感觉不啻是想自寻死路。

韩信的身份识别障碍就是在于对自己身份的认定介乎贵族与平民之间——想做一个真正的贵族，但又被社会对贵族精神的解构弄得没有足够的现实和精神支持，甚至还受到了自己想去认同的大贵族项羽的无情打击；想放低自己的身份做一个"平民"（做平民刘邦的部下），但是又十分不甘心。而且这个矛盾一直贯穿了他的一生——当平民的心态占据其主要人格时，他就臣服于刘邦，把自己认同为刘邦的一个重要大将，对刘邦很是忠心；当贵族心态占据其人格的主要方面时，韩信就会觉得自己屈居刘邦之下了，就会频露反心，最终也因此授人以把柄，送掉性命。所以说韩信的悲剧不仅是韩信自己的性格造成的，更是在社会道德秩序大解构时期两种价值的政治体系的交锋所造成的悲剧。

六、结论

通过上述论述，我们得出一个基本结论：作为推动历史发展的关键人物，其性格、潜意识动机、情结等心理层面的东西会对历史产生很大的影响。当我们展开秦末汉初的这场波澜壮阔、逐鹿中原的历史战争画卷时，刘邦、项羽、韩信、张良、樊哙……这一个个鲜活的历史人物就活生生地展现在我们的面前。虽然历史留给我们的只是那些落在纸面上的文字，但是从这些记录当中，以心理学的眼光观之，我们就能看到历史在我们面前展开一幅与那些以概念来套用历史而完全不同的鲜活的画面。我认为这些历史画面才更接近于历史的本来面目，这样的历史才更是人的历史。

（刘宪）

试析曹操的身份认同对其影响

东汉末年，以曹操为首的政治集团逐渐把持了汉朝中央政府的权利，与割据状态下的各路诸侯对峙。到曹操去世之前，除了以刘备为首的西蜀统治集团和以孙氏一族为首的江东统治集团仍然割据一方之外，曹操及其政治集团取得了北方的局部统一，保持了此地区的相对稳定，并为后来魏文帝曹丕取代汉帝国建立魏国打下坚实的基础。

虽然曹魏政治集团的组织形式有过数次变化，如该统治集团先后围绕大将军府（曹操建议汉献帝迁都至许后，被封为大将军，至此基本把持汉朝中央政府权利）、丞相府、魏王府（曹操封魏王，封地为魏国，都邺城，异于汉中央政府之都许都；此时的魏王国和后来的魏帝国有所区别）乃至后来的魏国政府行动，但是其核心仍为同一集团，即曹魏统治集团。而在曹魏统治集团的内部，一直存在着两大政治派别：一个是以曹氏、夏侯氏为代表的寒族集团；一个是以司马氏、荀氏等为代表的豪门士族集团。在曹操的带领下，豪门士族集团选择从属于寒族集团，并与之密切合作，而到了魏国后期，豪门士族集团又逐渐掌握了领导权。此处就不再赘述。只是试着从身份认同的角度来探究一下曹魏统治集团/寒族集团的领袖，曹操的行为与思想。

曹操为汉相国曹参之后，祖父为东汉末年权倾一时的宦官，中常侍大长秋、费亭侯曹腾；其父曹嵩也官至三公之一的太尉。看上去曹家身世显赫，应为豪门大家，但事实上却不然。

曹操之父曹嵩是曹腾的养子，曹嵩本人出身于何家、何时都不甚清楚。他的个性也是典型的"没个性"，《续汉书》载其"质性敦慎，所在忠孝"，此多为褒

曹操

笔。其所任的司隶校尉、太尉等要职也不是凭才干，而是靠其父影响和当时的流行——"捐官"而得，任中政绩不见载于书籍。而祖父曹腾的宦官身份在当时也并不是一个可以用来炫耀的资本。考虑到东汉末年宦官专权、民不聊生，宦官又触犯了传统的士大夫阶级的利益，所以，一般民众与传统豪门士族都会敌视宦官。即便曹腾在朝中较有风度而又处事逢源，也为朝廷举荐了不少人才，算是个不太坏的宦官，但曹操也免不了受祖父名声之累。

顺便说句题外话，正是因此，在之后曹操与袁绍的对峙过程中，袁绍从始至终是看不起和轻视曹操的。因为在袁氏家族"四世三公"的光环笼罩下，袁绍眼中的曹操无非是一个比较能干的下级军官而已。虽然袁绍对曹操的评价和轻视是他败给曹操的一个重要原因，但同时也是他人对曹操的身份不认同的真实写照。

祖父曹腾代表着当时"非主流""暴发户"式的权贵阶级，与正统的、往往处在道德制高点的豪门权贵有所不同，而且在观念上为后

者所轻。父亲曹嵩虽然后来也位居过高位，家财无数，但是在一般世人眼中仍然只是"莫能审其生出本末"的市井之徒，身份并没有被豪门权贵所承认。曹操一出生便无法逃避地背负了祖父和父亲身上的这两个烙印，这给他带来了不少利益以及不少坏处。坏处前文已以多例说明；得到利益的例子其实也不少：因为祖父与父亲的地位，曹操得以像一个贵族豪门子弟一样，于20岁的年纪被举为孝廉，担任洛阳北都尉，并接触和结交到真正的贵族豪门子弟——袁绍、袁术等人。此外，当年轻气盛的曹操得罪权贵时，也不至于大祸临头。

曹操早年想必也在努力塑造一个全新的、让自己舒服的身份认同。他想努力去掉祖父、父亲留给自己的烙印，而保留一个假象："我就是贵族子弟，名门之后，家世显赫，祖父二人都是从朝廷得到封爵与封地的人，也曾身居高位，我与那些豪门士族的子弟是一样的。"曹操早年与袁绍、袁术等人结交就能表现出这一点。但是，曹操去掉祖父、父亲烙印塑造"理想"身份认同的努力失败了，以袁绍为代表的豪门士族像没有承认曹嵩一样，仍然没有承认曹操的身份。此时，曹操必须要承认失败的事实，并且了解到，在当时的社会背景下，只从祖父或者父亲的身份认同中选择一个成为自己的身份认同。最终他选择了父亲的身份认同，那就是出身卑微的社会中下层人士（寒族）。而在东汉传统的人才拔擢体系中，这样的身份几乎永远没有机会爬到社会顶层，也几乎没有机会爬到"袁绍"等人头上。所以，雄心壮志的曹操奋斗一生试图打破这个体系的努力也就不足为怪了。

在心理上，曹操对父亲的认同感和亲近感也远超其祖父。当曹操父亲在徐州被害后，曹操对徐州进行了大规模的军事报复，虽然说进攻徐州符合当时曹操集团的政治利益，但是曹操一反重视充实户口的策略，而是不顾劝阻，执意对所占的城池进行大规模的屠城，这反映了此事对曹操的巨大精神刺激。反观祖父曹腾，曹操极少提及，而曹丕在建立魏国的黄初元年，只追封曹嵩为太皇帝，曹操为武皇帝，与一般封建统治者上封三代的习惯不同，也能看出曹操父子在认同上、感情上对曹腾的疏远。到了曹操的孙子、魏明帝曹睿即位后的太和三年，曹腾才被尊为高皇帝，但与曹嵩的区别早已显现。

确定了自己的身份认同之前（或者说是身份认同混乱的时候），曹操的所作所为还远没有后来的奸雄的样子，而更像一个热血青年，或所谓"游侠"。年少时"任侠放荡，不治行业"；黄巾之乱起，自己招募乡兵讨伐黄巾军，有功被升为太守却因"权臣专朝，贵戚横恣"而不就职；在反董卓联盟中斥责盟友间的钩心斗角，而在盟军不思进取的时候，率部独自进攻而遭到失败。在这一时期，曹操虽然有了一定的名声，但是在自己的霸业途中还是挫折多过成功的。

在明确了自己的身份认同之后，曹操的很多在当时看来独树一帜的思想、政策便渐渐形成，在实现自己霸业的过程中发挥了极大的作用。

首先是曹操一反东汉盛行的儒家思想，厉行法家治国的思路，主张不论出身门第如何，有功同赏，有罪必罚。与儒家思想代表封建上层阶级（或者豪门士族阶级）的利益不同，法家思想往往会触动这个集团的既得利益，而在当时的社会背景下，推行法家治国的思想明显是有利于社会中下阶层（寒族）的利益的，这很符合曹操的身份认同。有一个曹操自己马踏军屯田违反军法而割发代死罪的故事流传颇广，一般人都拿这个例子来说明曹操这个人异常好诈，但是换一个角度来看，也体现了作为一名统帅决定实施法治的决心。正是赏罚分明，升迁有据，加上严厉的法律来限制农田兼并以及保证军屯，曹魏统治集团很大程度上革除了东汉中期以来的腐败、行政军事效率低下、土地兼并等弊端和问题，也保证了军事行动有足够的粮草，为后来与吴蜀对峙时占据军事经济优势打下基础。

其次，在选拔人才上进行革新。之前的人才选拔制度是根据儒家思想来设计的，即道德比才能重要，各州推选的人才必须首先是品行优良，恪守孝道的人（具体实施中逐渐脱离制度初衷就不在讨论中了）。前文提到过，对于曹操所接受认同的身份——社会中下层（寒门）而言，在现有的人才选拔制度下他是很难出人头地的。那么自然，曹操一旦掌握统治权，就会革新这个人才选拔制度，使之符合自己的身份认同。曹操明确地提出"唯才是举"，推翻了儒家人才观在人才选拔制度建立和运行中的基石地位。与大多后世帝王的"唯才是举"不同的是，曹操甚至还公开说才能比道德重要，这是极其独树一帜的。正是这种独特的人才观念，使得曹魏统治集团在乱世中聚集了一大批宝贵的人才，甚至包括一些来自寒族集团的对手豪门士族集团的人才，像大名鼎鼎的荀彧、司马懿等。而曹魏集团中的陈群后来能够主持创立九品中正制而代替察举制，曹操的这一人才选拔思想的影响无疑是巨大的。

因此，综合前文所述，曹操早年摆脱身份认同的混乱对其一生的霸业是产生了决定性的影响的，如果其始终没有放弃为自己塑造虚假的"豪门士族后代"、而继续身份认同混乱的话，以他的聪明才智充其量只能成为乱世中如公孙瓒、吕布一般称雄一时的豪杰，是不大可能成为为后世津津乐道千年的奸雄的。

对于祖父和父亲遗留下的两个身份认同，曹操的选择也是极其关键的。运用合理的想象，如果曹操认同较多的是自己相对更加威风、更加权倾一时的祖父的话，那么他的人生轨迹将大有不同，我个人觉得在把持了中央政权之后，这一个"曹操"应该会更加类似于一个董卓似的人物。历史纵然不可假设，但是如果我们能从中受益的话，偶尔为之也无伤大雅。

（许阳）

闲话孙策之死

闲来说说孙策。

三国人物，说得好像太多了。中国几千年漫长的历史中，汉末三国鼎立这短短的一段时间，却吸引了大家太多的注意。也许这要归功于罗贯中吧，毕竟正是因为他写了中国最畅销的一部历史通俗演义。

不过读者切切要注意，《三国演义》只是一部历史小说，其中的故事和史实相距甚远。而且越是读起来很精彩的故事，可靠性就越差。而且因为《三国演义》的倾向性极为明确，是把蜀国看作是正面角色的，把曹操写为反面人物，而把东吴写作是不可靠的暂时性合作者。因此，对蜀国人物极力美化；对曹操那边就多有贬低；而对东吴则褒贬不一。比如，《三国演义》中关羽温酒斩华雄的故事，其实就是虚构。根据历史，华雄是死在孙坚的手中。比如，诸葛亮草船借箭的故事，史实中也不是诸葛亮的事情，而是东吴孙权的故事——这个孙权是孙坚的次子。火烧曹操战船，也不是诸葛亮借了什么东风，那个战役中刘备以及诸葛亮等都不过是次要角色，烧战船的主要策划执行都是东吴的统帅周瑜。

孙策是东吴的最初创立者，他是孙坚的儿子，孙权的兄长，周瑜的好朋友。此人文武双全，相貌俊伟，幽默开朗，豁达慷慨，是一个古今少有的奇人。我看到有人评价他是"神一样的人"，的确，我们几乎找不到他的任何缺点，这个人几乎可以被称为完美了。

孙策

孙策少年时就已经很有名望，因为他俊美诙谐，风度潇洒，被人们亲切地称为"孙郎"。17 岁时，他英勇善战的父亲不幸战死。青少年的孙策招募了几百士兵投奔了袁术，不久后他脱离袁术独自打天下，这时他只有父亲的几个旧部将以及一千多人。但是，孙策文武双全，几乎是每战必胜，横扫江东，很快就打败了许多比自己兵多将广的地方军阀，创立了东吴的基业。

不幸的是这样一个完美的人物却不长寿，26 岁就死了。死因是被行刺。当时刺客三个人埋伏在草丛中，在孙策打猎的时候向他放箭，其中一箭射中孙策面颊，伤重而死。

关于孙策之死，历史上还有两个轶事性记载，据考其中一个可信度很低；另一个则也许是真实的。可信度比较低的那个，是说孙策杀死了一个叫于吉的道士，那个道士法力高强，乘孙策受伤之机，作祟让孙策死去。可信度比较高的是来源于《吴历》，说孙策受伤，医生告诉他，必须好好养护，一百天不能剧烈活动，也不能动怒，否则很危险。孙策拿过镜子自照面目，对左右说："脸成了这个样子，怎么还能建功立业！"推几怒吼，创口迸裂。当夜死去。

所以，孙策的真正死因，也许并不是那箭伤真的无可救药，而是因为"破相"引起心理崩溃而死。

这就有意思了。

身为武将，一天到晚冲锋陷阵，受伤不是很正常的事情吗？破相又有什么大不了的？过去小说中江湖人士，常有那种脸上一道深深的伤疤的人，很酷——至于为此不想活了吗？脸上有个伤疤，怎么会影响建功立业？——又不是选美作男模。

这就和心理有关系了。

非常简单地问一个心理问题，两个人，一个穿了一身非常高级漂亮的服装，白衣胜雪衣袂飘飘；另一个穿了一身满是油垢的工作服；现在两个人的衣服上都被溅上了菜汤，谁心里更受不了。

孙策太完美了，他也太享受自己的完美了，所以，怎么能受得了自己瞬间破相。西施脸上被泼了硫酸，她怎么可能忍受得了？西施如果因此不想活了，我们是不是可以理解？如果可以理解，那就应该可以理解孙策。

据说孙策的相貌，在男子中如果有一个评级的话，这个级别应该不低于西施在女人中的评级。

西施歌舞也还不错，但在古今女子中，可能并不是最高的水平。比如她舞蹈肯定比不上赵飞燕。但孙策的武功，被大家公认几乎可以媲美项羽（所以被称为"小霸王"）。

而且谈吐、交际的水平，也是被所有人极为赞赏。苏东坡词中的"千古风流人物"，原型是周瑜，而周瑜和孙策从小是好朋友，在这个方面也是旗鼓相当的。现实中的诸葛亮如果想和孙策、周瑜比风流潇洒，那是会让当时的人们笑掉下巴的。

我们知道当时出名的美女，是大乔、小乔姐妹，这两个姐妹后来分别嫁给了孙策和周瑜。所以孙策也曾得意地对周瑜说："桥公二女虽流离，得吾二人作婿，亦足为欢。"

如此自我欣赏中，突然被刺破脸颊，所伤的绝对不仅是皮肉，而是"完美"，就算将来他再如何成功，"完美"也已经不再存在了。我们设想，如果他没有死，那以后的人看到将来的东吴大帝孙策，会不会说"如果大帝脸上没有这伤疤，那简直就是最完美的人生了"。因此，将来的孙策所有的，只是"最大的遗憾"。孙策承受得了肉体的伤痛，但是他承受不了这最大的遗憾，于是他死了。

其实他死于自恋。

有些心理学家也许会怀疑孙策是自恋型人格障碍，但我判断不是。他现实感很好，才能在社会上获得巨大的成功。二十五六岁，可以成为全国最大的几个地方割据力量之一，这种成功是自恋型人格障碍者不可能想象的，也是一般健康人不可能想象的。但他的确很自恋，当然他有自恋的本钱，但是太自恋毕竟还是心理不够成熟的一个表现。

如果一个男人更成熟，他会逐步地放下自恋，会不是那么在意外表。如果这个男人非常成熟之后，他就可以忍受自己的不完美，甚至忍受自己很大的不完美。他会越来越清楚地知道，这个世界上就没有完美，任何暂时的完美都是无常的，得到了固然可以高兴，失去了也是自然的事情。如果孙策已经活到了那个时候，成为非常成熟的男人，他就可以带着伤疤活下去，基本上忘记过去自己俊美的样子，做自己要做的事情。成熟的人看世界、看自己，都不是非黑即白的，所以不完美也就不完美好了。

当然，孙策当时的年龄不过是二十五六岁，这个年龄心理不够成熟，也是很正常的事情。我刚刚描述的那种成熟男性，一般来说也需要到 40 岁以上才能修炼得那么荣辱不惊。

而且，一般来说，一个人从不成熟到成熟的过程，最适当的情况是，一次次遇到较小的挫折，然后在较小的挫折中逐渐懂得和接纳世界和自己的不完美。仿佛是一次次接触少量的病毒，于是逐渐产生免疫能力，最后就可以越来越有抵御力，直到百毒不侵。如果长期没有遇到挫折，后来突然一下子遇到了非常大的挫折，那就仿佛一个人从来没有接触过病毒，没有打过任何疫苗，突然进入严重恶性传染病疫区一样——他几乎没有可能幸免。

孙策的不幸就是这样的。因为他天赋太优秀了，他几乎从来没有什么挫败。当然，父亲去世而自己不得不寄人篱下的经历很难受，但是那不会打击他的自信。因为这个事情是一个外在的事故，而在这个事件发生的时候，年仅 17 岁的孙策自己表现得可圈可点。以后，一次次的胜利，不断地强化他内心的自恋——战场上、官场上、情场上、交际场上，他都是永远的胜利者。这也一次次强化着他的优越感和自恋，让他感到自己的完美。因此，他没有过"轻的挫折"，也就没有"接受不完美"这件事情上的任何心理准备和自我训练。而突然之间，严重破相了，于是他崩溃了。这就是心理学上所谓的自恋崩解，自恋崩解会导致暴怒，于是孙策"推几怒吼，创口迸裂"。

当然，孙策死去也未必是最不幸的事情。如果他没有死去，并且心理上能够从"追求完美"中超越出来，那固然很好。但如果他没有死去，心理也没有能超越"追求完美"的情结，那可能会更坏，比如，他也许会嫉妒"千古风流人物"周瑜，从而破坏了他和周瑜的友情。他也许会因此性情大变，变成一个易怒暴躁的人，从而毁了东吴难得的和谐的政治氛围，甚至因而变成暴君，甚至因而让东吴失败，那样的话，就没有魏蜀吴三分天下的事情了。

所以孙策死去，是个不幸，但不是最不幸的事情。他的心理原型，是英雄原型。英雄虽然可以死，但是英雄的形象却被保留下来了，这就是一种英雄精神的不朽。孙策虽死，但到了千年后的今天，还有人读到孙策的故事，悠然而起向往之心，所以孙策也可以算是个长寿的人了。

对于我们大多数平凡的人来说，孙策的故事我们听听就好了，似乎和我们没有多少关系。因为对我们来说，孙策的危险我们不大会遇到。因为平凡，所以我们经常会遇到挫折，经常会被迫看到我们是不完美的，所以我们早就有一次次的小崩溃了，好在因为这些崩溃比较小，破坏力也就不大。但对于那些在人群中卓尔不群的人物来说，孙策是一个警示。

这世界是无常的，完美是不可能存在的，卓尔不群的人平时不大有机会遇到这个真理，而遇到时就是个很猛烈的冲击。做心理咨询多年，我遇到过也听说过很多"好学生"的崩溃的故事。从小没有失败过的好学生，一旦失败，那就是天崩地裂的感觉。而不幸的是，周围的人还很难理解他们、安慰他们，因为在周围的人看来，那个让他崩溃的事情，根本就不是什么大不了的事情——我们学渣及格一次就很高兴了，你学霸考了一次全校第二居然就崩溃？

因此，近年来，有人提倡"挫折教育"。但实际上，刻意制造出挫折来，也并没有多少教育的作用。给优秀的人一些更高难度的任务，让他们很自然地有遇到挫折的机会，也许是一个办法。但对于孙策这样的人来说，这个办法也还是不一定有用，除非孙策幸运地遇到了一个更小一些的，可以战胜的挫折。因此，更重要的是，在这样的人不幸遇到挫折而崩溃的时候，身边能有一个很懂得心理学的、又是他很信任的人，这样会帮助他更容易战胜崩溃——这或许可以称为一种"心理保险"。如果一个优秀的人，身边没有这样现成的人，似乎他的家人可以预先做一些准备，以减少他所面临的危险。

还有，就是要知道，人不要要求完美。古希腊神话中，那些炫耀自己或者自己孩子是多么完美的人，最后都被神所惩罚了。神并非都那么小心眼，他只是用残酷的事实教育人，世界上没有完美。

精卫和刑天是什么关系？

陶渊明读《山海经》，写诗来表达自己的读后感，诗是这样写的：精卫衔微木，将以填沧海。刑天舞干戚，猛志固常在。同物既无虑，化去不复悔。徒设在昔心，良辰讵可待！

前几天，和我爱人一起讨论荣格心理学中的原始意象，突然发现原来陶渊明对原始意象的感觉非常准确。

他把精卫和刑天放在了一起，精卫和刑天刚好是紧密相关的两个原始意象。

这里需要先简单说明一下，什么叫原始意象。

分析心理学开创者荣格提出：人的心理内容不都是后天学习来的，有一些心理内容是先天就有的。就像我们眼睛的形状、身体的高矮都和遗传有关一样，我们的心中也会有一些精神要素是先天就有的。我们会先天具备某种性格特质，比如，母性、儿童一样的创造力、勇士的情怀等。荣格认为这些先天的性格特质是源于一种叫作原型的精神存在，而这些原型会体现为一些想象中的形象，比如，"那种伟大的、温柔的、有时也很严厉的，全人类都认为母亲应该是那种样子的母亲""侠骨柔情勇敢无畏、保护弱者的英雄""长须飘飘、洞达人生的智者"等，这些形象被称为原始意象。每个原始意象，都仿佛是一个独立的生命，有他特有的性格，有他特有的爱憎，有他特有的相貌，仿佛是一个永远不死的灵魂借助不同的人的身体一次次出现。性格决定命运，因而每个原始意象也有他独有的命运。在想象世界中，我们可以看到这些原始意象按照他们的性格，生命遭遇不同的情境，就有这种情境下他们独有的命运。

我们每一个人活在自己的人生中，同时我们的内心中会有一些原始意象，他们也在想象的世界中过着他们的日子。在我们的现实世界中发生的事情，都对应着想象世界中的另一个事情。比如，在现实中某个小孩在幼儿园，被一个坏的幼儿园老师打了。在想象世界中，可能发生的事情就是，一个小动物，被一个邪恶的老巫婆吃掉了。在现实中，一个卖火柴的小女孩冻死了。在想象的世界中，她是和外婆一起飞到天上去了。心理学家根据人的想象，可以知道现实中发生了哪一类的事件，而艺术家也可以用想象来表达现实事件所带来的情绪。

在想象中的那个由原始意象组成的世界中，精卫和刑天为什么是紧密相关的呢？

这要从一个名叫"英雄"的原始意象说起。

这个世界有很多人自以为是英雄，也有很多人被称为英雄，但是英雄的原型以及由此化生出的原始意象有着确定的特点，有这样的特点才是真正的英雄，如果没有那就不是真正的英雄。

英雄是勇敢的。当危险来临的时刻，他总是勇敢地站出来，迎着危险冲上去。他不会被恐惧所征服，不会畏缩和逃避。沧海横流，方显英雄本色。英雄甚至喜欢危险，因为在危险中，他才遇到挑战、才能够征服、才可以彰显英雄的不平凡。但英雄并非愚钝、鲁莽而不懂得危险的人，他一样有危险的感觉，但是每一次勇气都战胜了恐惧。

英雄也是机智的。在战斗中，英雄也可以用计谋来取胜，他敢于硬拼，必要时也会硬拼，但是他不是只懂得硬拼。

英雄善良并且有爱心。很多时候，英雄之所以要去战斗，是为了保护弱者、保护和平。英雄内心的柔情，恰恰是他们勇敢战斗时的动力来源。因此，恃强凌弱的人绝对不会是一个真正的英雄。邪恶阴险的人也绝对不会是一个真正的英雄。自私自利的人更绝对不会是一个真正的英雄。

在想象的世界中，英雄的外形应该是英俊的。他的眼睛明亮、有神采、而且坚定有力。他的脸庞俊美而英气勃勃。他身材高大、健壮有力而又矫健灵活。他武功高强、威武而豪爽。古人中英雄长什么样子，我们没有机会见到。但是多数英雄似乎正应该是这样的长相。项羽、岳飞、赵云，以及孙策等，据说都是外貌英气逼人的。我们有机会见到的近代英雄人物中，抗日英雄张灵甫的外貌似乎最接近英雄应有的样子。当然现实中，有些人虽然很有英雄气，这些人虽然在原始意象的层面就是一个英雄，但是外貌却并不和英雄的原始意象相似，这也完全有可能。但就算他们其貌不扬，在气质上我们也一样会感受到他们的那种"雄姿英发"。

英雄的命运，在不同情境下也都不一样。有可能英雄获得光荣的胜利，成为人人赞扬的对象，这是一种可能——武松打虎之后，被百姓欢呼迎接，就是这种情况。但英雄也可能会失败。项羽自刎乌江，就是英雄末路。

为了避免把大家搅糊涂，再强调一下。我们物质性的这个现实世界，和想象中的那个心理世界，事情的规律是不同的。

在现实中，如果有一个英雄被杀死了，那他的物质身体就是死了。

不过在想象中的那个精神层面的、心理层面的世界，这个英雄可能并没有死，而是一直活着。项羽的肉体早已死亡，而且被分尸，到今天早已经尸骨无存。但是，在心理世界中他却一直活着，活在人们的心中。"至今思项羽"，所以项羽并没有死。

相反，如果现实中的人并没有死，但是他的英雄气质被摧毁，则他的物质身体还活着，但是精神、心理的英雄生命已经全然不在了。比如吴三桂也曾经是一时之雄，但当他投降外敌，苟且偷生的时候，他心中的英雄已经死去了。如果我们用一个心理学技术，比如，我所用的意象对话技术，引导吴三桂去看自己的内心，也许他会在想象中看到那个英雄的尸体。

那么，如果现实让人们的英雄气质受到了非常严酷的打击，使得人们的英雄气质严重受损，但是没有完全被摧毁，如果这些人顽强地保护着自己内心的英雄气质，虽然并不能很好地保全它，那么，他的原始意象会是什么样子呢？

在分析心理学研究中，有一个原始意象是"无头的勇士"。

这个原始意象的特点是，他失去了头颅，但是并没有失去他的勇气和力量，他还是勇猛地继续战斗——但是因为无头，所以他不幸的是已经没有英雄的那种机智了。因为在想象的世界中，头的象征意义是"知识、理智、方向"等，失去了"头"就是失去了方向。

是的，这就是"刑天"。《山海经》中的刑天，在战斗中不幸被砍掉了头颅，但是他还是手持盾牌，挥舞着斧头奋力拼杀。"刑天舞干戚，猛志固常在"，陶渊明的诗中说的就是，刑天的"猛志"还在。

因此，刑天象征着受到了创伤，失去了方向，但是还没有失去勇气的那种英雄。

那他的头到哪里去了呢？

他的头，象征意义上，代表着虽然知道方向和目标，但是却没有实力去实现这个目标的那个部分。因为只有头，但是没有躯体象征着没有能量，没有手足象征着没有执行自己意愿的能力。

谁是那个知道自己要做的是什么，但是却没有办法去实现的，那个"有心无力"的原始意象呢？你猜对了，就是精卫。

精卫的故事中说，精卫原来是一个人，她被淹死在大海中。于是她的精魂化为一只叫精卫的鸟，每天都衔起小石子什么的丢到大海中，她想填满这个可恨的海。

因此，精卫象征着那种失去了力量，但是还没有失去目标和方向的英雄。

精卫和刑天，联合在一起是一个英雄，但是分开了，就都是令人遗憾的了。有思想的没有实力，有实力的没有思想，双方之间分裂而不合一，成功当然就已然无望。

为什么是陶渊明写这首诗呢？这与他个人有关系吗？这和历史发展有关系吗？

有关系。

陶渊明生活的时期，是东晋末年。中国文化在春秋战国时期到秦始皇，有一个大转折，变得不那么自由。但在整个汉代，儒家的礼教总体上还是文化主流。士人们的精神世界，也总还是可以有所依托。到了三国时期，社会开始动乱而礼崩乐坏，士人们的精神世

渊明醉归图

界受到了前所未有的冲击。如果说忠君本来是士人的追求，汉代的皇帝已经成为傀儡并且后来被彻底赶下皇帝的宝座了，"忠"也很难有合法性。到了晋代，虽然国家统一了，但政治越来越黑暗，一天天走下坡，到了东晋就更是不堪。

我们今人所看到的陶渊明，是他退隐之后的样子，喜欢田园生活、爱喝酒、爱写诗，似乎一派温和气象。但实际上早年的陶渊明的内心，全然是一个英雄人物。像英雄一样，他的志向是大济苍生，做一番轰轰烈烈的事业。他的曾祖父就是曾一时无二的军中统帅，他也并非文弱书生。但他的事业屡屡失意，到江州刺史王凝之手下时，因门第而被轻视；到桓玄门下时，发现桓玄正试图造反，只好借故辞职。后来，桓玄挟持皇帝叛乱时，陶渊明也曾勇敢地乔装冒险报信，以帮助平叛者。但随即发现他所抱有希望的新上级刘裕，也是一个品行不怎么样的人物。后来在转而到其他地方，也还是感到失望。屡屡失望和挫败，使得他对政治终于彻底灰心，才回到田园，隐居而度过晚年。

因此，陶渊明自己就是一个受到了挫败的英雄。而陶渊明之所以挫败，就是因为历史进入了漫长的黑暗时期。

他个人很有力量和勇气，就仿佛刑天一样勇武有力，但是他找不到一个有智慧的明主去投奔，从而只能像"没头的蜜蜂"（实在不愿意用俗语中，那种肮脏的像蜜蜂一样大小的动物，来形容我们中国最伟大的诗人）一样到处乱撞，一次次投奔不同的人而又一次次失望。

从更大的，整个社会的角度看，他个人的力量非常有限，就算天天无止无休地劳作，也不可能完成填海的工作。他不像曾祖父一样重兵在握，可以经营天下，所以从这个角度看他又像精卫。

这是陶渊明的悲剧，但是也不仅仅是他的悲剧，而是整个社会的悲剧。因为，在政治黑暗的那个时代，所有的英雄都面临着同样的境遇。"精卫衔微木，将以填沧海"，是无望的。"刑天舞干戚，猛志固常在"，是无用的。因此，他也只好"同物既无虑，化去不复悔"了。也就是说，不再思虑如何达济天下了，而只能化为如同那些菊花、酒和麦子一样的自然物了，自生自灭。"徒设在昔心，良辰讵可待"，过去的那些心愿，和过去有过的好时光一样，已经不可再得。

这就是英雄无用武之地。

中国越往后，越常见这样的情况。就如同熊市中的股指曲线，虽然上上下下，但是绿的时候越来越多，红的时候越来越少。正是因为如此，后世中常常有类似的英雄人物，在类似的境遇下，有类似的感受，因此，陶渊明也就成了最有名的诗人——这在他，是一个多么大的遗憾啊。

举一个例子吧，南宋初年辛弃疾说诗句："却将万字平戎策，换得东家种树书"，就是陶渊明的一个翻版。辛弃疾早年，有万夫不敌之勇，曾带数百亲兵，攻入敌军二十六万人的军营中，擒获敌军中的叛贼。他也用兵如神，曾带六万将士，在百万敌军的围追堵截中，杀出一条血路回归国都。但先是皇帝后来做了太上皇的赵构无心抗敌，辛弃疾也完全没有机会以身报国，也只好归隐田园，过陶渊明一样的生活了。种树之时，心中种种，实在没有什么话可以表达。

读书无用论的始祖：萧绎

公元555年——按照现在网络上的习惯，555的意思是哭泣，而那一年也真的有个事情值得让中国人痛哭——梁朝皇帝萧绎下令焚毁了14万卷书。今天的图书一印刷少则几千册多则几十万册，而在那个连雕版印刷术还没有发明的时代，每一部书都是人工手写的，因此，图书存世的数量极为稀少。这14万卷图书中，相当多的一部分，都是世界中仅此一部。这一把火烧了14万卷书，使得全中国的古代文献损失了大多半。因此，此次焚书，在历史上都可以和秦始皇焚书相提并论了——因为此次焚书的地点是在江陵，史称江陵焚书。

但萧绎焚书的原因，和秦始皇嬴政却完全不同。

嬴政焚书，是为了打击不同政见者。嬴政想要绝对的专制和独裁，害怕人们有其他的思想，只有把书都焚烧掉，才能达到他的目标。所以，秦始皇焚书，恰恰是他相信书很有用处，只不过怕书被别人用来作为反抗秦帝国的工具。而萧绎焚书，是因为他觉得书没有用处，太没有用处了，它怎么这么没有用处让人生气，所以才去焚书。

嬴政读过多少书，历史上没有记载。估计应该也读过不少。因为有记载说，嬴政读了韩非的书，非常赞赏，所以才专门派兵威胁韩国而索要韩非。读书读到要兴兵求作者，这也算是爱书的人了。不过，他读书一定还是没有萧绎读得多。

萧绎自称从 12 岁开始，经常通宵达旦地读书。生了疥疮，手肘因为要捧着书都磨烂了。后来眼睛有毛病，不方便读书，就每天让别人读书给自己听，至少每天听 30 卷。如此坚持读书达四十几年，当皇帝后也是读书不辍。在他的人生中，读书绝对是第一重要的事情。

萧绎

萧绎读书也非常有成绩。中国历史上，皇帝家族的读书人一共有三家最出名。一家是三曹即曹操、曹丕和曹植；另一家是二李即李璟、李煜；还有一家就是四萧。四萧是：梁武帝萧衍，梁昭明太子萧统，梁简文帝萧纲，还有就是梁元帝萧绎。作为文学家，萧绎才华横溢、诗歌写作在当时全国几乎没有对手。作为学者，他对诸子百家无一不通，尤其擅长老子的研究。著作 400 卷，其中《金楼子》一书更是有极高的学术地位。他的绘画水平，也是当时的最高级别。音乐、书法、围棋、周易、兵书、骑马……几乎可以说是无所不知，而且都是当时的一流水平。

所以，当时的读书人如果手头有孤本的珍贵图书，想把它托付给一个可靠的人，那简直会觉得再也不可能有比萧绎更合适的人选了。书进了萧绎的图书馆，一定会被倍加珍惜。当然，他们想的是对的，萧绎对书倍加珍惜，直到公元 555 年那一天。

那一天，敌国的军队攻进了国都，萧绎悲痛地发现自己成了亡国之君。他不可理解——为什么呢？我是如此优秀的皇帝，读书何止万卷，才能古今罕有，千古兴亡了然于胸，老子玄学通透于心——结果却被几乎文盲的胡人给轻易打败？于是他愤怒了，觉得被书所误了："读书万卷，犹有今日，故焚之。"

所以萧绎焚书，是因为发现读书无用。读了这么多书，成了天下读书最多的人，还是没有用，所以才焚书。萧绎，说是古今第一的读书无用论者，应当之无愧。

读书有用吗？说没有用的，有证据："刘项从来不读书"，多少不读书的人获得了极大的成功。说有用的，也有证据：张良得到黄石公的一本书，大有获益，辅佐那个不读书的刘邦打下了天下。赵普半部论语治天下，靠少量的书的知识就可以辅佐赵匡胤，做了一个丞相。李世民读书也很不少，并未被书所耽误，反而成了一代明君。

那为什么萧绎偏偏失败了呢？

让我们了解一下这个人吧，用心理学。

我觉得从心理学的角度分析萧绎，主题词应该有"自卑""自尊"以及"外壳自我"。

萧绎的父亲是南北朝时期，南部中国的皇帝萧衍。他是萧衍的第七个儿子。生在帝王之家，作为最大的官二代，以大家看来似乎无须自卑。但是不然，皇帝儿子感觉中是不是自卑，是和皇帝的其他儿子比的，而不是和穷老百姓比。要知道和自己的哥哥们比，他并不能说是天才了。他的大哥萧统，也就是太子，将来的皇帝，那才真的是天才中的天才呢。萧统5岁就已经遍读了"五经"，而且能背诵。文学才华天下无双，所编的文选直到二十一世纪还没有被超越。而且，人人称道他的善良。他对父母孝敬，对百姓仁慈，经常偷偷地去做公益事业。而且大哥的母亲是贵妃。而萧绎的母亲却只是偶然被宠幸的一个小宫女。

还有，萧绎很小的时候得了一场病，瞎了一只眼睛，成了一个残疾人。

自卑后，有的人会破罐破摔，也有的人会奋起，心理学家阿德勒就指出，对自卑的补偿可能成为人进取的动力，萧绎就是这种因自卑而补偿性努力的人。

嬴政也是自卑补偿的人，但是他的补偿是以权力为中心的——"待我大权在手，你们俯首帖耳可好"。但萧绎的家庭文化不同，萧衍是一个读书人皇帝，因此，萧绎也必须努力去读书，才能成为父亲家族中被尊重的人。身为王子，拼命读书，其最初的心理动力来源于此。当读书越来越多，也得到了更多的尊重甚至是全国文人真心的佩服之后，他更是坚定地相信了：读书才是最有用的。他真的爱上了书，书不再仅仅是工具而成了他的理想。而因为书他也实现了自己的理想，成为一个有才华、有品位的人。有一次，他和一群文学之士游览园林。一个文人说，"这么好的风景，要是有女子来演奏音乐就好了"。萧绎说："何必丝与竹，山水有清音。"品位上，一下子就把那个人比下去了。

当萧绎读书有成后，他的自卑感转化为了真正的优越感。这个优越感并不是："我是官二代"，而是"我是有才学，有品格的人"。后来他大量藏书，而不是去藏金银财宝，也不是金屋藏娇，就是因为书才是他优越感的根源。

但心理学研究指出，这样的人即使很成功，在内心深处的自卑感并不能被真正消除。他最后的情况可能是，外表很优越，但是内心深处的潜意识中，也许有个地方自卑如故。这样的人，有可能会成为表里不一的双重人格。

萧绎实际上就是这样的双重人格。"性矫饰，多猜忌"，是历史给他的评价。

在文学上，他固然不自卑了，但是在别的方面，他的自卑却更加严重。

比如，他在爱的能力上的自卑。他不会爱。

在史书记载中我们看到，他似乎没有真正的爱——虽然皇帝家一般都比较缺少爱，权力的争夺会毁了爱。但有些人还是能有一些爱的能力的，比如，他哥哥萧统，就对父母、对百姓都有爱心——萧绎不爱父亲，当父亲被叛将围困在皇宫中的时候，他虽然有重兵在手，但是却坐视不管，让父亲最终饿死在宫中，然后才平叛而坐收渔人之利。为了保住自己的皇帝之位，他勾引外兵去攻杀自己的兄弟和侄子。他自己的长子战死，他也并不伤心，还说这样也好，正好给其他儿子留位置。当然他的夫妻关系也不好，和正室的关系是名存实亡。他和其他妃嫔之间似乎也很淡漠。

其实，他在感情上、爱的能力上之所以差，是和他的这种生存方式有一定关系的。心理学可以揭示其中的一些秘密。心理学研究发现，当人致力于塑造一个能为别人所喜欢的自我形象时，实际上他会和内心中真实的自我感觉隔离，而塑造出来一个虚假的自我。隔离很久之后，甚至他自己都可能会不知道自己真实的自我是什么样子的，不知道真实的自我喜欢的是什么了。他将以一个虚假的、看起来很美好的样子而活着，但是这个看起来很美好的自我实际上只是一个虚假的外壳，我们可以称之为外壳自我。萧绎就是这样的人。他塑造了一个自我，一个才华横溢的优秀自我。但是，他心中那个自卑、怯懦而可怜的孩子，却从此不被任何人看见，也从此不被自己所看见。当一个人和真实的自我隔离之后，他所有真实的感情都会受到压抑，他不再真切地感受到痛苦，也不会真切地感受到爱。他的感情世界将会变成一种全然的冷漠。

当一个人的真实自我被压抑后，他会格外地依赖自己的那个"美丽的外壳自我"。因为他如果失去了这个"外壳"，他觉得自己就会失去一切。他会格外地强化这个外壳自我的自恋，追求外壳自我带来的优越感，用这种优越感来抵消内心深处潜伏的那自卑感。这个外壳自我，成了他的一个理想化的形象。

而所有消极的感受，都会被他深深地压抑下去，深到他自己都不知道那些情绪的存在——但是，在潜意识中那些消极情绪依旧存在，并且会在他的行动中表现出来。

也许他自己都不会知道，为什么他可以在书中那么清楚地讲孝道，但是现实中却对父亲如此残忍。但是，心理学家知道为什么。是因为他的外壳自我有多好，他就压抑了多少对父亲的怨恨，而潜意识就会驱使他发泄这些怨恨。在父亲被包围，而他重兵在握的时候，他也许会给自己一些借口，说现在开战还不是时候。他也许会说，父亲饿死是他预料之外的事情，但是在潜意识中，他也许是想，"父亲，这就是对你偏爱其他兄弟的惩罚"。

婚恋对人会有很大的影响。一个童年有心理创伤的人，如果有一个心理很健康美好的配偶，往往会得到很大的疗愈。

不幸的是，萧绎和他的正室妻子的关系，没有带来这种疗愈。

如果不了解其背后的心理机制，对萧绎和他的正室妻子徐昭佩之间发生的故事，人们会感到不大理解。

我们在今天也常常看到这种搭配，一个自恋、性情冷淡的男人找了一个热情但情绪喜怒无常的女人做配偶。这两个人看起来是如此不同，为什么他们一开始能结合呢？心理学分析的结论是：一个自恋而冷淡的男人，习惯于压抑自己的情绪，因此，潜意识中会很希望能够宣泄自己的情绪。当他看到一个情绪热情，甚至冲动、无常的女性之后，他会羡慕她，而且也会向往她的生活。他会愿意和她结合，去纵容她的情绪冲动，他在潜意识中仿佛是觉得"她在替自己做自己想做而不敢去做的事情"。而那些虽然热情但是冲动的女性，也需要找一个平静稳定的男人，好让他给自己的动荡不安的生活设置一个稳定器。

他们之间一开始，会因此而相互吸引。

萧绎和徐昭佩也许一开始就是这样相互吸引的，虽然史书上没有记载。

但是，过一段时间，这种组合的另一面就会显现。自恋冷漠的男子，会受不了那个女人的情绪冲动和反复无常。一会儿好，一会儿坏，刚刚还是喜笑颜开，稍不如意就暴雨雷霆，这样的女人对于萧绎这样的男人来说，太有压力了。而这种男人有压力后最容易做的事情，就是躲你远一点儿。

而对于那种女人来说，最受不了的就是冷漠。对方冷漠，自己就控制不住要生气。自己生气了，对方就躲得远远的，这更是令人生气。如果女人心理健康，她会用温柔的态度去感化对方，但是徐昭佩这种冲动型的女人对此采取的惯常策略，则会要更加对对方发火——她们会觉得，"哪怕是你对我生气，也比那种冷冷的态度好"。她们需要关心。

徐昭佩就是这样，她用了一种最强烈的方法，来激怒萧绎。她化了一种"半面妆"，一半的脸化妆，另一半不化妆。当萧绎问她为什么要用这样奇怪的方式来化妆时，她回答说"因为你一只眼睛是瞎的，所以我没有必要在那一侧脸上化妆"。

对于一个自卑的残疾人，这简直是不可思议的狠毒。徐昭佩的侍女们都担心这样做是不是会不可收拾。但徐昭佩不担心，她认为"王爷是讲仁义道德的人，不会怎么样我，最多是赶出宫去，那我也可以另嫁别人"。这更像是明摆着欺负人家心地善良了。如果不懂心理学，只会觉得这个女人太坏了，却不知道这背后的心理学原理。

现在，在这种夫妻中，这种女人也会做类似的事情。这当然是因为她们心理不健康，也比较忍心，不过还有一个原因，就是她们潜意识中是想用这种方式和对方建立心理联系。因为在她们看来，对方就像是冷冰做的墙壁，不用大力气去砸，就不可能和对方的心相遇。于是，这些恶毒的行为在她们看来，就是用来砸墙的方式。

萧绎当然愤怒，但是并没有做什么。他只是更加疏远徐昭佩而已。而徐昭佩就更变本加厉，这一次是找外遇。而且是不止一个外遇。而且——你没有看错——是公开找外遇。现代的女人，这样公开给老公戴不止一顶绿帽子，都已经很过分了，何况在比今天保守很多的古代，更何况对方是正版的"王子"。而且，更过分的是，徐昭佩的情人中的一个，竟然和不少人吹嘘自己搞上了王爷的老婆。

当别人问，这个徐昭佩长得怎么样？他还洋洋得意地说："徐娘虽然半老，但是风韵犹存，挺多情的。"萧绎知道了当然会嫉妒，但是当时也还是忍下来没有做什么。

对此，当时萧绎的手下都很不理解。

但心理学能解释这个现象，一个原因是：潜意识中萧绎会把徐昭佩当作"我想成为但是没有成为的自我"，因此，会佩服她敢爱敢恨。另外，他不敢让自己暴怒，因为那会冲破自己的那个"外壳自我"，会让自己失控，会让自己的另一面——不是品行高洁的人、不是喜欢读书的人、爱生气很记仇的人——暴露出来，而他自己害怕看到那个"邪恶萧绎"。

所以他只能继续忍耐。

表面继续超脱，内心越来越黑暗。

我们了解了萧绎，就知道他的性格是有缺陷的。而萧绎在政治军事上的失败，实际也和他的性格缺陷有关。

因为压抑情感，所以他对人的情感其实是无知的。他只是活在书所构成的、理念的世界中，而不了解真实的人性。

他对父亲对兄弟对子侄没有爱，所以会直接或间接地除灭他们。这是邪恶的，但是这种邪恶在古代专制皇朝中，还不足以让他灭亡。

他灭亡的原因是，他为了消灭在蜀地割据的侄子，请西魏国（对他来说，是外国的胡人）的兵去灭蜀。这使得西魏国有了更多的机会。然后，他还在给西魏的书信中言辞傲慢，因此，更激化了西魏和梁朝的矛盾。他这种傲慢，实际上是最自卑补偿而带来的优越感。他自己对之可能习以为常了，但是别人却会被激怒。还有，当西魏进攻梁朝，国家岌岌可危的时候，他却召集群臣来听他自己做哲学讲座——讲《道德经》，结果失去了最后的机会。为什么他会在那个时候讲《道德经》呢？这说明他是和自己的"外壳自我"活在幻想世界中，他可能幻想自己是谢安一样，可以"谈笑静胡沙"。他要的不仅仅是胜利，还需要是"高雅的胜利"，才能够符合他外壳自我的那种高贵的感觉。

在他生命的最后时刻，西魏国胡人的刀剑，才终于把他唤醒了。他才发现，自己实际是一个失败者。亡国，固然痛苦，但更痛苦的是外壳自我被彻底打碎了。他发现，自己的优越感是一个不堪一击的水泡，一个幻影而已。这导致了他的心理大崩溃。

于是他迁怒于书，说读书无用。实际上，是这个读书的人萧绎自己没有用。烧书，实际上是象征性地烧掉那个读书的萧绎而已。

读书，实际上可以很有用，也可以很没有用。书，只不过是一种工具，关键还是要看是什么样的人在应用这个工具。

"古今多少事，都付笑谈中"，当我们看过古人的故事后，也许有人认真地想知道，这样的事情会不会有可能有别样的结果？自卑的心，可不可以有救赎之道？或者，有没有可能减少一个心理不健康的人给社会带来的危害？

也许我们并不能有完美的答案，但是的确也不是全然没有办法。

对主人公自己，救赎的机会在于真实。如果他能不沉迷于虚假的外壳自我所带来的优越感，如果他真诚地面对自己的心，陪伴自己的心，也许他有机会改变自己。他有可能去寻找真正的爱，真实的感情并度过一个更加真诚的人生。当然，这是很不容易做到，需要有坚定的信仰和支持、关心他的人。

有没有可能减少这样的人对社会的危害？在专制皇权政治制度下，也几乎不可能。因为，也许正是因为病态，他才能在病态的政治中有地位。而心理更健康的人，也许更少机会。

所以对于那个时代的他，和他所在的那个时代来说，也许那就是几乎没有办法改变的宿命。不过，对于今天的我们来说，也许并非那么悲观，也许这可以给我们一些启发。至少，今天的世界中，有心理咨询师可以帮助我们。

听起来我在为心理咨询师做广告了，所以，呵呵，打住。

这不过是一个心理学家，在讲一个古代的小故事而已。

唐太宗李世民的杨广情结

　　唐太宗李世民在历史上是一个伟大的皇帝，在他治理下的唐王朝走到了中国封建社会的最高峰，而在仔细地看过他个人的成长以及治国的历程后，我们不难发现，有一个人对他的一生产生了巨大的影响，这个人就是历史上"臭名昭著"的隋炀帝杨广。一方面，杨广建大运河，修东都洛阳，修长城，为后来李世民的治国打下了坚实的物质经济基础；另一方面，杨广的所作所为自幼就被李世民所熟悉，给幼小的李世民留下了深刻的印象，而在李世民登基以后，害怕成为第二个杨广，在治国时处处以杨广为鉴，这才有了他的"贞观之治"，可以说杨广对唐太宗李世民的心理也有着巨大的影响。而我把杨广在心理上对唐太宗的影响总结为"唐太宗李世民的杨广情结"。

　　就目前的研究状况来看，历史学界对于唐太宗李世民的研究还是很多的，而且很多人或多或少地提到了杨广对于唐太宗李世民的影响，但没有人从心理学的角度来整体地阐述这一论点，也没有人提出过我所写的这一观点。

　　从研究的方法来看，我主要是运用心理能量和情结的观点来进行分析。精神分析学派的创始人弗洛伊德对人的基本看法是这样的：人是一个能量系统，就像一个水利系统，能量由这里流出，在这里转换，或以水坝拦阻起来。这种能量他称之为力比多，也就是我们所说的心理能量。这是一种看不见的能量，它是一种生命力，我们可以感受到它，但无法测量它。心理能量的产生有两种形式，一种是在适当心理状态下，心理能量自发地产生，这样产生的心理能量是流动的，极少受阻碍，它不会和某种具体的情绪相结合，也不会受人的本能的影响。另一种是本能的力量被激发，当我们本能的需要满足时，我们就会感觉到自己的生命力，这也就激发了自己的心理能量，这种心理能量是储存在这种本能当中的，心理能量被激发后，表现为一种兴奋、激动、唤起一种内驱力或动机，继而往往会表现为一种情绪，而这时它也会由潜在的能量转变为现实的能量，当本能表现为一种情绪时，心理能量也就融入了这种情绪中，成为情绪能量。当情绪转变时，心理能量的形式也会发生转变，但心理能量的量是相同的。心理能量有两种"不正常的"运动，一种是压抑，一种是沉溺。压抑是指对本能的冲动，有另一种力量在压制它，不让他自由释放，而这样压抑下来的心理能量聚积起来，就会形成一个情结。随着压抑的强度和深度的变化，情结的大小也会改变。本文通过分析李世民的行为，发现他就有着本能的压抑，这就构成了他的"杨广情结"，而在心理能量上具体体现为"害怕成为隋炀帝"和"成为隋炀帝"两种心理的互相冲突，而这两种心理亦有着相关的情绪和心理能量支持，通过分析这二者的冲突，来解释唐太宗的"杨广情结"以及由此而产生的行为，这是本文研究的一个基本方法，而这在历史的研究上也算是一种创新了。

通过这一研究，我希望使大家了解一个事实，唐太宗李世民的

唐太宗李世民

成功是有他的心理原因的，而正是这同样的一个原因也注定了李世民之后的失败。俗语有云：金无足赤，人无完人。李世民的功过已经是过眼云烟，但是我想让大家注意的是，多关注一下自己，了解一下自己的内心，也许你的生活会因为你的那么一点细心而变得更加美好。

一、唐太宗李世民"杨广情结"的具体表现

唐太宗李世民于公元 626 年发动了历史上有名的"玄武门之变"，通过这一手段李世民成功地夺得了储君的地位，并在同一年即位为帝。在当上皇帝以后，他广开言路，礼贤下士，广纳谏言，悉心处理政事，在处理国家大事上，能够听取群臣的意见，而且还能够任用贤臣为相，在自己的生活上，能够甘心于俭朴的生活，并不铺张浪费，在他和群臣的共同努力下，终于有了中国历史上辉煌的时代——"贞观之治"。但是他做这一切是以谁为榜样呢？不是别人，正是隋炀帝杨广。

（一）李世民在"贞观之治"中的压抑

比较李世民与杨广两人的经历，我们不难发现，李世民与杨广在没有当皇帝之前的经历是多么的相像啊！

第一个像是：他俩都出生在贵族家庭，尽管有着与生俱来的优越生活，但面对的是上层社会无休止的尔虞我诈的政治斗争，从小耳濡目染了权术之争，习惯于经意、不经意地用权术来待人接物。

第二个像是：他俩都面对着乱世，并用各自的方式来夺取父亲的政权，在艰难的夺权过程中，他们渴望权力，尤其是最高权力，万死不悔地愿意用生命来汲取。

第三个像是：他俩都在统一战争中出过大力，立过大功，他们善结人才，崇拜武力，有英雄情结，有豪情壮志，在四海之内有唯我独尊的感觉。

隋炀帝杨广

第四个像是：他俩都在兄弟中排行老二，都对本朝的建立有着莫大的功勋，然而在传统的嫡长继承制下，对最高权位却是望尘莫及，这是他们所不甘心的，从而积极投身于宫廷争斗的旋涡里，不惜用超乎常规的手段，对原太子集团给予了万劫不复的打击，从而取得了皇位继承人的资格。

第五个像是：他俩都在取得了太子的资格后，对父皇施加了某种政治手段或压力，从而促使父皇过早地离开人世或退位，让自己走上了皇位。

　　唐太宗是一个孜孜不倦地求取大治的人，但是他内心还存在着一种如同梦魇般的恐惧：他和隋炀帝太像了！像得使李世民心里感到害怕，隋炀帝的下场就摆在眼前，而自己会不会重蹈覆辙呢？他害怕自己重蹈覆辙，于是他开始提醒自己，处处小心，收敛了自己权力的欲望，收敛了自己享受的欲望，一切从国计民生出发，从治理天下的需要出发。而这样做光凭自己的力量是不够的，这就需要群臣的监督，随时随地监督自己，保证自己一直在正确的轨道上走下去，隋炀帝曾说过："我性不喜人谏……"这句话常在唐太宗耳边响着，于是他提倡谏诤的风气，鼓励群臣大胆且无顾忌地谏诤，纠正自己的各种过失，凡是隋炀帝杨广所做的事，唐太宗必然反其道而行之，凡是隋炀帝杨广所有的行为，唐太宗必然努力改之，处处以隋炀帝杨广为警戒，而他的大臣们似乎也看到了唐太宗的这一心理，在讨论国家大事的时候，往往以隋炀帝为例，特别能够打动唐太宗的心。

　　以隋亡为鉴是贞观年间唐太宗与近臣们不绝于口的话题，唐朝贞观年间有名的谏臣魏征就在奏章里经常引用隋朝速亡的原因作为殷鉴。魏征曾说："昔在有隋，统一寰宇，甲兵强锐，三十余年，风行万里，威动殊俗，一旦举而弃之，尽为他人之有。"造成这种悲惨局面的原因，他分析是由隋炀帝"恃其富强，不虞后患。驱天下以从欲，罄万物而自奉，采域中之子女，求远方之奇异。宫苑是饰，台榭是崇，徭役无时，干戈不戢。外示严重，内多险忌，谗邪者必受其福，忠正者莫保其生。上下相蒙，君臣道隔，民不堪命，率土分崩。遂以四海之尊，殒于匹夫之手，子孙殄绝，为天下笑。"魏征上述谏书对唐太宗的影响很大。后来所制定的各种政治措施，都从隋之所以失天下，唐之所以得天下，进行对比总结，然后做出决定。通过这样的用人和纳谏，终于促成了"贞观之治"的强盛局面。

苏辙曾经说过，"贞观之治"这样的盛世，自夏、商、周以来还没有过，然而这里所讲的"贞观之治"其实并没有持续多长时间，《帝王春秋·按》里说唐太宗"奢于炀帝"，"杀戮功臣过于汉高、明祖"，这并不是说的这个时期的他，确切来说这样的唐太宗是贞观十年以后的唐太宗。上述我所说的"贞观之治"是在贞观十年之前的，而在贞观十年之后，唐王朝实际上是在走向衰落的，而这一切很大程度上是由唐太宗的内心所发生的变化造成的。

(二)贞观后期唐太宗的放纵

经过贞观前十年的休养生息，唐王朝达到了空前的繁荣，人们路不拾遗，夜不闭户，生活富足，无忧无虑。看到这样的情景，唐太宗李世民开始骄傲了，他之前的自制慢慢地退化了，这时候的他对隋炀帝杨广的害怕也已经极大地减弱了，觉得自己可以不用再在隋炀帝的阴影里活着了，而接下来唐太宗又做了什么呢？

贞观十年后的唐太宗，已经对群臣的谏言感到厌倦，他更多地开始享受生活了。他开始贪图享乐了，而这享乐的第一部分就是大造宫殿。其实早在贞观五年(公元631年)唐太宗就大动民力修仁寿宫，后改名九成宫，不久又修复洛阳宫。贞观八年(公元634年)又营造大明宫，意欲给太上皇李渊玩乐居住，但在第二年李渊还没住进去就一命呜呼了。贞观十一年(公元637年)又在洛阳建飞山宫，贞观二十一年(公元647年)又建玉华宫，并说要"务令节约"，结果仍是"费资巨以亿计"。而为修宫殿而服徭役的农民道路相继，"兄去弟还，首尾不绝，远者五六千里，春秋冬夏，略无休时。"可见，当时徭役之重已到严重的程度。

从性格上来说，唐太宗是个善于粉饰自己的人，常常是口头上巧言令色，美言动听，但在行动上却是另一回事。唐太宗曾直言不讳地表白过：平生之好唯名马、弓刀、美女而已。唐太宗到了晚年，不惜动用人力、物力，奔波于万里之外，到处寻求名马，在唐太宗的要求下，"求骏马于万里，市珍奇于域外"，"难得之货，无远不臻；珍玩之作，无时能止"。

唐太宗游猎活动也颇为频繁。他以行猎为乐，不仅给沿途百姓增加了额外的负担，也影响了所在地区的农事。而且他的行猎还引起了士兵的不满，险些引起兵变，更加引起了朝野的怨怒。唐太宗曾经说过："今天下无事，武备不可疏，朕游猎仅在后宛，不烦百姓，有什么不可！"太宗还不惜国库，于贞观十六年（公元642年）下诏说："从今以后，太子所用库物，有关部门不要加以限制。"于是太子"发取无度"，张玄素上疏反对，差点被太子家奴打死。

唐太宗还"轻用人力"，"东征高丽，西讨龟兹"，不吸取贞观十九年（公元645年）征高丽损失惨重的教训，甚至连自己说过的话，征高丽"以不能成功，深悔之，叹魏征若在，不使我有是行也"，也忘记了，不久又于贞观二十一年（公元647年）三月再次发兵征高丽，并下诏大造海船。九月，雅、邛、眉三州少数民族因不堪造船之苦起来造反，有些州的人民已经到了"卖田宅、鬻子女而不能供"的悲惨境地。

幸好唐太宗李世民未老先衰，在四十五岁的时候就已经衰怠了，之后由于太子的问题以及唐初贤臣们的相继离世，更是使李世民心理受到沉重的打击，再后来是多种疾病缠身，健康每况愈下，终于在贞观二十三年五月，李世民因病去世，永远地离开了他统治23年的唐王朝皇帝宝座。

（三）李世民"杨广情结"的解释

以上的论述我们可以总结一下，唐太宗李世民在当上皇帝以后，为了自己的理想——做一个有大作为的皇帝而励精图治，勤奋治国，而在国家变得富强以后，他开始自满了，贪慕虚荣，贪图享乐，在这一过程中，有一个人的影子一直影响着他，这个人就是隋炀帝。唐太宗李世民的理想是受隋炀帝杨广的影响而定的，而他为了实现自己的目标不得不压抑了自己很多本能的欲望，而这些被他压抑下来的欲望的能量集聚起来，成了李世民内心的一个结，我把这个结称之为唐太宗李世民的"杨广情结"。

那么，李世民身上的"杨广情结"具体又是怎么来的呢？

二、造成唐太宗李世民"杨广情结"的原因

（一）家庭的影响

李氏家族长期住在陇西，是一个贵族世家，和各少数民族接触频繁，数代所仕之王朝，也都是鲜卑人的政权，因而对于鲜卑人的风俗习惯及其文化有着较深的了解，而且受其影响，李氏家族崇尚武功，子弟自幼就要演习弓马，读兵书。李氏家族同当时执政的杨氏家族有着亲密的裙带关系，李世民之父李渊很受当时的皇帝杨坚照顾，即使在杨广篡位以后，李家的地位也没有改变过。但是杨隋政权对于关陇贵族一直都有着防范、打击、排斥的心理，因此，李渊一直未能进入杨隋政权的枢要行列，为此李渊在仕途上产生了一种不得志的抑郁心理，他给长子取名"建成"，二子"世民"即取建功成业、济世安民，以宏振家门声望的意愿，表明了他对后辈的期望。从这一点上来看，李世民从小一定就被灌输了治国安邦，为天下百姓造福的思想，而这时的李世民也一定对当时的皇帝隋炀帝杨广非常崇拜，可以说，隋炀帝杨广在李世民幼时就已经在他的内心烙上了烙印。

另一方面，李世民的思想还受到了母亲的影响。李世民的母亲为窦氏，从小就为周武帝抚养，深得宠爱，"及周武帝崩，后追思如丧所生。隋文帝受禅，后闻而流涕，自投于床曰：'恨我不为男，以救舅氏之难'"。我想窦氏的这一思想一定或多或少都影响了李渊父子，尤其是李世民，虽然史书上没有相关的记载，但我们不难推断，窦氏在教育李世民时不可能不向他传达她对隋朝的感觉，我想李世民最早的反隋动机一定是由此而来，而这时的李世民对杨广既是崇拜，也是憎恨，"精神分析理论认为，本能的内驱力是产生心理活动的能量"，他的内心一定渴望自己能够超越杨广，而伴随这一理想产生的心理能量则促进了李世民的成长，这为李世民"杨广情结"的形成埋下了伏笔。

(二)"杨广情结"的具体形成及分析

真正"杨广情结"的形成是在"玄武门之变"之后了。李世民通过发动"玄武门之变"坐上了皇帝的宝座，这个时候的他已经取代了杨广的地位，但是李世民还想超越他，他的自尊心并不允许他就这样满足，他的理想并不仅仅止于当上这个皇帝，他想要按照自己的理念建立一个强大的国家，做一个有大作为的皇帝。但是他这个皇帝并不是名正言顺地当上的，他杀兄弑弟，逼父让位的事在当时来说是众所周知的，正巧他所走的这条路又和当初杨广走的路完全一样，再加上李世民之前所做的种种事情又和杨广的经历太过相似，这些事给了李世民很大的压力，他害怕自己会走上隋炀帝的老路，而就他的内心来说，他还是很贪图享乐的，他其实对于隋炀帝那样的生活还是比较喜欢的。他一方面渴望有大治，另一方面又有着和隋炀帝一样的贪图享乐、贪慕虚荣的内心，而在当时的情况来看他渴望大志的思想很容易就获得了胜利，因为他渴望超越隋炀帝，而要做到这一点，他必须要把自己贪图享乐，贪慕虚荣的欲望压抑下去。荣格说过："人的经历和体验也被人所消化，并被人转化为心理能量。"所以，李世民的压抑就造成了他的两种情绪化的能量，一种是他自己贪图享乐的本能的能量，我把它称为"成为隋炀帝"的心理能量；而另一种就是他渴望自己超越杨广，实现自己理想的本能的能量，我把它称为"害怕成为隋炀帝"的心理能量。

在李世民刚当上皇帝的时候，他内心更多的需要是要治理好国家，从而"害怕成为隋炀帝"的心理能量获得了胜利，而他"成为隋炀帝"的心理能量并没有消失，只是被他压抑了，而这部分"成为隋炀帝"的心理能量又随着他的近臣们对他的劝谏而越来越强烈，他的近臣们每一次劝谏，都使他更深地压抑自己，而每一次压抑的过程中都会伴随着不舒服的感觉，这些感觉的心理能量会融入他"成为隋炀帝"的心理能量当中，从而使他这部分的能量不断壮大起来。当然在这个过程中，他"成为隋炀帝"的心理能量也有间歇爆发的时候，据《资治通鉴》卷194记载，有一次罢朝后，李世民回至内苑，大发雷霆说"魏徵每廷辱我"，"会须杀此田舍翁"，经过皇后再三苦劝，说明利害关系，他才息怒。这只是唐太宗李世民这一部分心理能量暂时爆发的表现，可能是由于这部分心理能量积蓄时间太长，太过强大，使他感到过于难受，从而压过了他"害怕成为隋炀帝"的心理能量，于是才有了这短暂的爆发，这次爆发又消耗了他一部分的能量，但并没有使他发生本质的转变，他的内心还是被"害怕成为隋炀帝"的心理能量控制，所以，当他的皇后长孙氏给了他合适的劝谏以后，唐太宗就将他"成为隋炀帝"的心理能量压了下去，继续压抑着自己的欲望。

然而随着社会情况的变化，李世民的内心开始发生变化。随着社会的繁荣，李世民看到了自己努力的成果，也达到了自己的那种渴望，成了一个真正有大作为的皇帝，而这个时候他开始追求别的东西了，他之前被压抑的欲望开始表现出来了，他"成为隋炀帝"的心理能量开始爆发了。这最突出的一个表现就是他开始不再爱听谏言，李世民最亲近的大臣之一魏征曾经说过："陛下贞观之初，导人使谏。三年以后，见谏者悦而从之。比一二年，勉强受谏，而终不平也。"帝惊曰："公何物验之？"对曰："陛下初即位，论元律师死，孙伏伽谏以为法不当死，陛下赐以兰陵公主园，直百万。或曰：'赏太厚。'答曰：'朕即位，未有谏者，所以赏之。'此导人使谏也。后柳雄妄诉隋资，有司得，劾其伪，将论死，戴胄奏罪当徒，执之四五然后赦。谓胄曰'弟守法如此，不畏滥罚。'此悦而从谏也。

近皇甫德参上书言'修洛阳宫，劳人也；收地租，厚敛也；俗尚高髻，宫中所化也。'陛下恚曰：'是子使国家不役一人，不收一租，宫人无发，乃称其意。'臣奏：'人臣上书，不激切不能起人主意，激切即近讪谤。'于时，陛下虽从臣言，赏帛罢之，意终不平。此难于受谏。"此外，魏征还有一篇奏疏最深刻地揭露了唐太宗的日益腐朽、不能善始善终，这就是贞观十三年五月上的《十渐不克终疏》：

> 臣奉侍帷幄十余年，陛下许臣以仁义之道，守而不失；俭约朴素，终始弗渝。德音在耳，不敢忘也。顷年以来，浸不克终。谨用条陈，裨万分一。

> 陛下在贞观初，清净寡欲，化被荒外。今万里遣使，市索骏马，并访怪珍。昔汉文帝却千里马，晋武帝焚雉头裘。陛下居常论议，远希尧、舜，今所为，更欲处汉文、晋武下乎？此不克终一渐也。

> 子贡问治人。孔子曰："懔乎若朽索之驭六马。"子贡曰："何畏哉？"对曰："不以道导之，则吾仇也，若何不畏！"

> ……

> 贞观初，频年霜旱，畿内户口并就关外，携老扶幼，来往数年，卒无一户亡去。此由陛下矜育抚宁，故死不携贰也。比者疲于徭役，关中之人，劳弊尤甚。杂匠当下，顾而不遣。正兵番上，复别驱任。市物襁属于廛，递子背望于道。脱有一谷不收，百姓之心，恐不能如前日之帖泰。此不克终十渐也。

由这段奏疏我们可以看出，贞观后期的李世民，在做事的时候更多的是满足自己本能的欲望，而且尽量不再压抑自己内心的欲望，"成为隋炀帝"的心理能量逐渐爆发出来，而表现在行为上就是他越来越讨厌纳谏，他开始虚荣起来，开始了享受，他的大造宫殿以及发动对高丽的战争等，都是受他的这种心理所控制，他开始觉得自己了不起，他还会想自己的天下已经如此稳定繁华，不必再整天为国事而操劳。

而这只是一个开始，随着唐太宗年龄的增大，他更加一意孤行。他怀疑偏执，无端排斥良臣，肆意诛杀功臣，君臣相疑，甚至他最信任的大臣魏征在死后都被他怀疑诬陷，"罢叔玉尚主，而踣所撰碑"。为什么会这样呢？心理能量有一个特性，你压得它越久越多，在它释放时的爆发性就越大，而当唐太宗"成为隋炀帝"的心理能量爆发出来以后，他就会把过去对自己这部分能量起阻挠作用的力量消灭掉，对唐太宗来说，这个阻挠的力量的突出代表非魏征莫属，所以才会因一些细枝末节而打倒他曾经最信任的大臣。

当然在这个时期唐太宗的内心并不是没有变化的，他曾经的理想还是能够影响他的，"害怕成为隋炀帝"的心理能量有时还是能够发挥作用的。在唐太宗远征高丽失败而回时，他还会为自己的行为感到后悔，曾说过："魏征若在，不使我有是行也！"还有唐太宗还是能够重视、爱惜人才的，比如说薛仁贵，就是在他征高丽之时发现的一员武将。此外，唐太宗还把他晚年失误的认识与自我反思撰写成书——《帝范》，用以教诫太子。从这些史实来看，唐太宗做的这些事还是体现了他在贞观初期的风格的，他自己有时候也还是能控制得住自己的贪图享乐的欲望的，而这是因为经过一段时间的爆发，他"成为隋炀帝"的心理能量已经消耗了很多了，而他的"害怕成为隋炀帝"的心理能量却没有消磨，所以它有的时候就能够发挥作用，控制住他自己贪图享乐的欲望，但是他这个时候的控制并没有像以前那么强烈，压抑的时间也没那么长了，所以他更多的时间还是在满足他贪图享乐的欲望的。

公元 649 年在唐太宗当到第 23 年皇帝的时候，他终于被病魔打倒，离开了人世。

三、结论

唐太宗李世民的这一生很传奇，也很复杂。作为一个亡国之君，隋炀帝杨广在李世民的这一生发挥了很大的作用，不仅是在物质上，更多的还是在精神上的影响，而在精神上的影响主要体现为唐太宗李世民的"杨广情结"。

从心理学的角度来分析李世民的"杨广情结"，我们可以看到，在李世民小的时候，受到他父母的影响，他内心就以隋炀帝杨广为目标了，这个时候的他一方面向往杨广，佩服他的才学以及能力；另一方面，他暗暗下定决心，要赶超杨广，做一个更有作为的皇帝，所以他从幼时就勤奋好学，再加上他天资聪颖，很快就在当时的乱世中脱颖而出，帮助其父李渊建立了唐王朝，之后他又通过政治手段，清除了和他争夺皇位的太子集团，终于成了唐朝第二个皇帝。

而李世民在当上皇帝以后，他终于有能力施展自己的抱负了，但这个时候他却发觉自己与隋炀帝杨广有着可怕的共同之处——贪图享乐的欲望,这样的欲望阻碍了他理想的实现,同时通过吸取隋炀帝的教训,他开始压抑自己这部分的欲望,由此而造成了他大量心理能量的堆积,而大臣们对李世民的劝谏,又或多或少地加深了李世民的压抑,使得他这部分心理能量越来越多,直到后来随着社会的稳定繁荣,李世民慢慢地释放了这部分能量,他自己本身的那种虚荣享乐的一面开始展现出来,于是就有了他贞观后期的种种作为。从心理能量的角度来看,在贞观前期李世民用"害怕成为隋炀帝"的心理能量去压抑他"成为隋炀帝"的心理能量,而在压抑的过程中"成为隋炀帝"的心理能量却越来越多,终于有一天他"害怕成为隋炀帝"的心理能量抵挡不住了,使他"成为隋炀帝"的心理能量爆发了出来,从此一发不可收拾,最后在"成为隋炀帝"的心理能量的伴随下,唐太宗李世民离开了他执政了 23 年的王朝,而留下的乱摊子则交给了他的儿子唐高宗李治去收拾。

由此我们可以看到,李世民的"杨广情结"影响了李世民的一生,从而改变了我们的世界,造就了中国封建历史上灿烂的一页,但我们也应该看到,由于唐太宗李世民有着这样一个"杨广情结",所以他没能够做到善始善终,这再次验证了一句老话"人无完人",人的欲望真的是难以克服啊。所以说我们平时应该多加注意自己的内心,更多地去做一下自我了解,这样做也许可以使我们的人生变得更加美好。

(温祺)

颠覆中国封建传统的皇帝

——武则天

很喜欢影星潘迎紫当年演绎的一个奇女子。潘迎紫本人是公认的保养得最好的女人之一，她扮演的那个女人到了老年也是精神矍铄，神采奕奕，一点都不像一个老妇人。那个女人就是权倾中国半个世纪，中国历史上唯一的女皇帝——武则天（624－705 年），是她打破了只有男人才能称帝的传统，在中国的历史上开创了一个红妆时代。

武则天的性格特点是自信、坚强、独立、好胜、专制、控制感强、占有欲强、不喜欢被侵犯。这样的性格更容易让我们联想到男孩子，不错，武则天的潜意识里对自己的身份认同应该就是一个男性。这样的性格形成和她的出身以及经历是分不开的。在家的时候，她有很多竞争对手——她有众多的姐妹弟兄

武则天

与自己争夺父母的爱和关注。武则天在家里并非长女，也不是最小的孩子，更不是母亲想要的儿子，所以她只有更努力、更不同才能

引起父母的关注。所以，我觉得她那些好争夺的性格和她在家庭中的排行是分不开的。而她后来一直被当作男孩子养，对她具有男孩子气也有重要的影响。占有欲强，这点可以在她和高宗关系上体现出来，武则天后来对高宗的控制很强，不愿意他与其他的妃子亲近，包括自己的姐姐和侄女。当她的姐姐和侄女和高宗的关系太好的时候，这对母女都离奇中毒死亡了。这样，其他的妃子也不敢靠近高宗了。或许武则天小时候希望自己可以独占父母的爱，但是这并没有实现。当长大时，这样的想法投射到自己的爱人身上——不能与人分享自己的爱人，或者要把在小时候失去的，在此补偿回来。所以她对高宗的占有欲不亚于一个男人对女人的占有欲。

史书常记载的一个故事是：她在是武才人的时候，和唐太宗在一起驯一匹烈马，太宗问她，她会怎么驯服这匹马。武则天说她会用三样东西把这匹烈马驯服——铁鞭、铁挝、匕首。太宗不解，武则天解释说"先用鞭抽打，不服，用铁挝打头，再不见效，用匕首割其喉杀死"。她后来也对人提起过这段经历，或许这就是她人生的一个模板。就是用这样的政治手腕，她制服了那些不服她的大臣，把李家王朝驯得服服帖帖，也正是这样的铁血政策，保证了唐王朝的统一和版图的扩大以及社会的稳定。

武则天出身并不高贵，她的母亲杨夫人是武士彟的第二任妻子。第一任妻子相里氏死后，李渊把杨氏许配了给了武士彟，杨氏给武士彟生了三个女儿。武则天是第二个女儿，当时杨氏很希望生个儿子，可无奈武则天是第二个女儿。所以这时候的武则天并不受父母的宠爱，那时候女孩也不受重视。但当武则天大一点的时候，她爱笑，有的时候更是大笑不止，似乎在改变家人对自己的看法。

她长得健康，胖乎乎的，武氏夫妇开始喜欢上她了。而这时候她的养母绝对起了一个很重要的作用，就是让武则天穿男装，她的父母见她像个男孩子就更高兴了。据说，后来有个叫袁成刚的人给武则天相面，碰巧武则天当时一身男装，还有了一个"假郎君"的绰号。不知是袁成刚故意讨好还是怎么，看了武则天之后说"可惜是郎君，若为女，当为天下主"。这句话可是让武士彠很高兴，更喜欢这个女儿了。这句话是真的应验了，我想这和她受到的教育是有很大关系的。

有的影视剧中，演武则天进宫的时候，她的父亲还健在，而且很支持武则天进宫。其实，历史并不是这样的，武士彠在武则天比较小的时候就去世了。而她同父异母的哥哥对这对母女并不好，想早点给武则天找个婆家嫁了。在家中受到欺负，所以武则天很有改变现状的决心。也就是她在宫中当妃子的姨母把武则天推荐给了李世民，这样武则天才得以进入皇宫。其实想想，在家中受到排斥和欺负，武则天也就更加坚强，耐受磨难的能力也更强。而且，她改变现状的愿望越强，那她前进的动力也越大。

武则天不喜欢什么刺绣女红之类的东西，她喜欢读书，看很多书。当时女孩子是很少读书的，但武则天读了。而她的父亲也把她当作一个男孩子来养，她从小就走了很多地方，这可给武则天长了很多见识，她的父亲也给她讲了很多李世民的事迹，这些见识给武则天带来的影响可是很大的，眼界就很开阔了。或许她的长远见识、坚忍不拔、能屈能伸的性格就是这样逐步形成的。而在这样潜移默化的影响中，武则天也更认同自己是个男人，而她所表现出来的种种特点也都是很男性化的。而从她的身上，我们知道眼界的重要性。很多时候，会听到有人说"头发长，见识短"，就是说女人的见识短浅，没什么远见。其实见识短，并不是天生的，很大程度上是教育的问题。试想想，如果武则天没有读过很多书，也没有在小的时候经常出去游玩，她只是在家里学些女红刺绣三从四德之类的女孩子的常识，她还会从当年唐太宗的才女变为后来的皇帝吗？答案肯定不会，历史就是很多的偶然因素和必然因素交织在一起的。那么说，是否只有在唐代才有女人当皇帝呢？这个还需要进一步的研究。

从武则天的原出身来看，她并不是很高贵，她是庶族的一员。她是母亲的第二个女儿，是父亲所有孩子中的中间的孩子，她还有一个妹妹。如果从家庭排行来看，她很符合阿德勒的家庭排行理论——排行中间的孩子往往是最有成就的。这是因为排行中间的孩子，面对的对手比较多，所以要通过其他的方式来补偿自己的一些不足，比如会变得更加刻苦努力，很上进。在上面我们说过，武则天在小的时候，本来就不是最受宠的一个人，她在另一方面就更有追求，渴望获得别人的注意，渴望获得成功。这是她自己的性格。

武则天可以当上皇帝，是受当时必然的和偶然的因素共同影响的。我们从武则天生活的朝代来看——大唐王朝，文化开放，政治开明，女性的社会地位还是挺高的，很受男人的尊重。女子在那个时代，可以穿着很暴露，而不会有什么不好的影响，改嫁也是很正常的事情。所以说，在唐朝这个温床上，孕育了一个思想开放的时代。作为一个女性，有机会接触到外界，接触到一些政治生活，并参与其中。如果换作一个朝代，这就很难说了，汉代有过吕后专权，所以有了后世的杀死那些可能"母凭子贵"的人。宋代出现过太后辅佐皇帝的事，明代出现的宦官专权，清朝出现的则是辅佐三代皇帝的孝庄皇后和掌握中国命运的慈禧太后。只是无论在哪个朝代，都没有出现明目张胆称帝的女人。武则天之后，出现了太平公主、上官婉儿、韦后与安乐公主参与国家政事，可以说，唐朝是一个空前绝后的红妆时代。

武则天和李治成为夫妻，又是她最后可以称帝的一个重要原因。李治生性懦弱，喜欢比较强势的女人。这和李治的恋母情结有很大的关系，他的母亲长孙皇后就是一个比较厉害的女人。李治曾经宠幸的萧淑妃就是一个比较泼辣的妃子，李治对她可是情有独钟。后来李治遇到武则天，更被她强势的性格所吸引，而武则天的年龄也比李治大了5岁，也就是时下流行的姐弟恋。我们知道，武则天一开始是唐太宗的才人，身份很低。她被宠幸了一时，但后来就失宠了。武则天就把自己的目标放到了李治的身上，这个李治也就喜欢上了武则天。

可以说，唐朝是一个阴盛阳衰的朝代。似乎有这样一个现象，在太平盛世的时候，往往都是阴盛阳衰。比如到了现代社会，虽然说主流还是男权社会，但是女性现在的社会地位提高了很多。很多家庭也都是女人掌握经济大权，而现在的男人也正朝着中性化发展。看来在太平盛世女人的重要性就凸显了出来，而在战乱年代往往是男人占据主导地位。

李治当上太子，也是充满波折的。本来太子并不是他，原来的太子谋反了，和另外可以成为太子的兄弟反目。这个唐太宗，自己本身也有一个阴影。就是在他年轻的时候，杀了自己的兄弟。所以唐太宗一直没有走出这个阴影，希望自己的孩子可以和平相处，不重蹈他的覆辙。唐太宗在长孙无忌的建议下，就这样立了李治为太子，目的是避免另外两个兄弟残害手足。而李治又是长孙无忌的外甥，这样立太子本说可以比较完美了，遂了很多人的心愿。但是，事情怎么发展总是很难预料的。半路杀出的武则天夺了李家天下，杀了很多李家宗室贵族，长孙无忌也未幸免于难。如果，唐太宗不是为了保住儿子的命，也不会立软弱的李治，如果李治不是很软弱的男人，那么武则天的命运很可能是另外一种样子了。

武则天能有后来的权势，她还得感谢一个人，就是王皇后。当年，王皇后为了打击自己的情敌萧淑妃，帮助李治把正当尼姑的武则天接回了皇宫，虽然打击到了一个情敌，却换来了一个会杀死自己的人，这就是人算不如天算吧！记得有一个理论叫蝴蝶效应，是说一点小小的改变，就会带来很大的影响。如果少了上面任何一个环节，唐朝和武则天的未来就很难说了。

说了这么多，都是一些外在的环境因素。最重要的还是武则天的个人素质，首先武则天的个人才智是不容小觑的，她的政治手腕高明，知道什么时候用什么人，深谋远虑，所以她在宫廷政治中得以胜出，这可比她的儿媳妇韦皇后高明多了。这里对韦皇后不做赘述，只是武则天在死后成了众多女人的楷模，看来要取得本没有的特权都是需要一个精神领袖的。后来还出现很多女官，甚至大官的千金参加祭祀，还出现"夫凭妻贵"的现象，让我们在历史的长河中，可以看见绚丽的惊鸿一瞥。武则天的政治抱负，还有她的大志，都是促成她成功的原因。在她服侍太宗时，她尝到过失宠的滋味。原以为拨开云雾见月明的时候，迎接她的是出家为尼。但她并未因此而消沉，而是伺机再起。一个正处芳龄的女子，谁会喜欢出

家呢！当她再次进宫的时候，她 28 岁了，历练了 14 年。在这 14
年里，她学会了忍受，她的性格也更加坚韧。而此刻的她应该也明
白了，什么才是可以让自己高枕无忧的，那应该就是自己的权力和
地位了。武则天是有野心的，但是她并没一开始就打算当大唐的皇
帝。她和李治的感情很好，在她当上皇后之后，只是在帮他处理一
些要务。这时候的武则天只是想当一个贤内助，帮助夫君成为一代
明君。只是李治的才能和性格都不如武则天，武则天帮着帮着就着
急了，与其帮他管理国家，不如自己来管理，渐渐地，武则天在一
个男权社会中走上了权力的最顶层，让很多人臣服在她的石榴裙
下。而武则天在对付政敌的时候，从不着急，而是一步一步，经过
多年的处心积虑把政敌置于死地，足以见其手腕的高明。

　　武则天在成为昭仪之后，开始培植自己的亲信，无论是中央还
是地方，都有她的眼线。在后来的几十年中，她可以坐稳江山和她
的这些大臣是分不开的。她几十年的苦心经营，也终于换来了 67
岁的登基大典，建立武周政权。

　　最近看了一个国学大师写武则天的一本书，这本书把武则天说
成一个狠毒、阴险、淫荡的女人，毫无伟大之处。这位国学大师是
一个男人，从他的"性别立场"来看，他这么说，出于何种动机，有
何目的，我是有所怀疑的。如果不是出于某种偏见或某种需要，武
则天是一位出色的政治家，她上承贞观下启开元的功劳，为教育文
化事业带来的贡献，这些是不能忽略的，而不是简单几个贬损的词
就可以评价她的一生。武则天为了自己当上皇后，可以掌握政权，
是给予政敌很残忍的打击，但这都是政治需要。哪个皇帝在夺取政
权的时候，心慈手软了？如果没人反对她当皇后，对她也很恭敬，

她就不会对那些大臣下此毒手。她手段残忍，任用酷吏，开创了举报之风。其实这些是非常时期的非常手段，在几年的政治生涯中，她知道她面对的敌人是强大的，牢牢把握住政权的道路异常艰辛。政治的不稳定，往往需要强有力的管理手段，无为而治在这个时期是没有作用的。她这样的统治策略，可以让她坐稳江山，也不会再有人反抗她的统治，这是一个政治家需要具备的素质。

武则天包养男宠，被很多人指责批评，就像上面那位国学大师评价她"淫荡"，这么说就很难让人心悦诚服。历史上哪个皇帝不是后宫佳丽三千，武则天是皇帝，包养几个男宠无可厚非啊！难道男人当皇帝就可以好很多人的色，女人当皇帝就还得恪守所谓妇道?!这不是只许州官放火，不许百姓点灯嘛！这首先就是男女地位上的不平等！武则天当时处在封建社会，男尊女卑，三从四德等想法在中原占据主导地位，如果说被当时世人这样评价，还容易理解。但是已经到了现代社会，还这样说，恐怕就不妥了。

武则天初进皇宫被人叫作武媚娘，这是唐太宗给她取的名字，本来是唐太宗的一个小妾，后来跟了太宗的儿子李治，也被人说成是"乱伦"丑闻。但我觉得这个在当时应该不算什么，史书记载"后宫之中，多有乱伦之事"，可以推测，这个现象在当时很普遍。唐玄宗也是夺了自己的儿媳杨贵妃啊，所以没有必要在这一点上指责武则天。

很多人认为武则天杀害自己的女儿陷害王皇后，最后又把王皇后和萧淑妃的手和脚砍掉泡酒，这些事情不见得就是真的，因为并没有人看见。武则天的女儿的确是死了，但这个女儿是早产，可能会有些先天不足，也可能是生病死了，武则天利用了这个机会嫁祸王皇后，但不一定就是杀女凶手。这段所谓杀女的故事，很有可能是后人编上去的，想以此说明武则天心狠手辣。而那些把武则天贬低得一文不值的男人，我认为他们反映了中国男人的自卑的心理，面对一个强权的女人，他们觉得自己的男性气概受到了威胁。为了自己男性的地位不被动摇，所以以此贬低有权力或者有能力的女人，他们会说那些辅佐皇帝的皇后很好，因为这些女人是"贤内助"。但对一个坐上龙椅的女人，就对她颇有微词。何故？维护男人的自尊，维护男人的形象，通过这样的反面教材告诫女子要恪守"妇道"，在思想上心理上打压克制女人的自我发展。只有一个真正自尊自信的男人，才不会通过恶意中伤有能力的女人来显示自己的强大，而是站在平等的位置上看待一个女人。

从武则天为人处世和执政中，可以看见很多唐太宗的影子，可以说，武则天后来的性格受了唐太宗很大的影响。武则天入宫时14岁，一直在唐太宗的身边。太宗皇帝是一代明君，武则天在他的熏陶下，对政治有了很大的兴趣，性格也更加坚毅。十几岁的时候，是人处在青春期的时候，也就是在这个时期人们有了自己的偶像，有了效仿的目标。青春期对李世民认同，给武则天最后的人格特点有很大的影响。太宗皇帝就有几次要封泰山，但都未成功。武则天当皇后的时候，可随着唐高宗实现了这一愿望。或许这也是一种补偿心理吧，以前在太宗身边，几次观看封禅的盛况的机会都错过了。以武则天这样的性格，没有看成封禅不能不说是一件遗憾的事。而现在自己是高宗的皇后，又有着更大的权力和地位，封禅的机会可不能再错过了。不仅要举行封禅，还有自己亲自参加封禅的仪式，这可是曾经没有过的，这么庄重的事情怎么能让一个女人参加呢？武则天可不管这些，她是皇后，李治都得听她的，身边又有支持她的大臣。所以这次的封泰山，高宗是初献，本应该是公卿代表的亚献则由武则天本人来担任。这件事不仅让自己大大出了风头，还提高了自己的政治地位。在当时风光无限，又能名垂青史，这事对武则天可是相当有吸引力啊！看来武则天还是一个很喜欢炫耀的女人啊！

她和狄仁杰的关系就很像当年李世民和魏征的关系，在对外民族政策上，也显示了自己强硬的一面，打败突厥，建立都护府，管理少数民族地区。还开创了自荐的制度，就是自己可以申请做官。其实，这个自荐制度太宗皇帝以前就提起过，只是被魏征给反驳掉了，这个制度也就没有推行下去。但是，武则天把这个制度应用得不错，看来武则天的胆量和气魄还是可以和太宗皇帝相比的。

武则天的性格很复杂，具有矛盾性。不容许别人侵犯自己的权威，即使是自己的孩子也不行。她的儿子干预了自己的一些事，那么就杀掉他，以免儿子威胁自己的地位。但是她对上官婉儿就不错，让她当自己的贴身秘书，参与政事。有很多大臣也敢于进谏，当面指出她的不足。狄仁杰、魏元忠就是这样的大臣。这个矛盾性还体现在她对待才子的态度上，武则天爱才是众所周知的。她惜才爱才，希望有才之人为己所用。所以她不计较门第，直接提拔有用之士。虽然这样，但她还是不容许别人与她为敌，她恨所有的敌人，如果是自己的敌人，就给他致命的打击，摧毁他。她的权位是不允许别人觊觎的，任何人都不行。这就是她的爱与憎。在用人方面，既用猥琐小人，又用贤良人才。何时何地用什么人，全凭当时的社会环境。她用了周兴、来俊臣等邪恶之人，但当政权稳固后，她的手段就宽容了很多，也相继消灭了会影响自己的统治的周兴、来俊臣等人，消灭酷吏，又可以赢得人心，可以说是一箭双雕。

武则天老年的时候，可以说慈祥了，但仍不放手的是自己的权力。她的权威是谁都不能侵犯的，武家的人也不可以。她决定的事情，没人能改，她最后立了自己的儿子为皇嗣，赐姓武。武承嗣对此有异议的时候，武则天还是很坚定自己的立场，不许别人再有什么反对意见。其实，她立自己的儿子，也看到了普通中国人的心态。那就是送终的问题了。有一位大臣这样对武则天说过，侄子再亲也不如自己的儿子亲。自古也只有儿子给父母送终，没有侄子给姑姑送终的，想自己的灵位有人拜祭，还得是自己的儿子。现在的中国人还是这样的想法，无论怎么样，都得有一个自己亲生的孩子，要不谁给自己养老送终啊？在这也看到武则天平常普通的一面。

武则天死后，以皇后的身份与李治合葬，忽然感到一种回归的感觉。她的纪念碑是无字碑，自己的功过是非留给后人评说，足以见识到这位女皇的胸怀和度量，她相信自己做的一切都是为了先帝，相信自己做得已经很好，因为她是一个自信的女人。只是很多人在无字碑上以恶语抨击讥讽，这真的是不公正。江山本来就是由白骨堆砌而成的，为何只说她毒虐淫丑呢？无论是谁的江山，都是这样的，无论是古代还是近代，都是靠着血肉之躯作为基础的。

14 岁是太宗的一个小小才人，再到尼姑，昭仪，最后在 67 岁称帝，只凭借自己的力量，武则天整整奋斗了 53 年！想要取得成功，真的不用担心自己是否还年轻，自己的身份是否微不足道，武则天在这方面给了我们很好的榜样。只要有精神在，有信念在，有那份依旧年轻的心，就继续坚持自己的理想，抓住了机会，总会成功的。对女权主义者，她是精神力量，她让我们看到，女人也可以掌控自己的命运，也可以成为最有权势的人。想到那块无字碑，如果是我，我会写"给后人以鼓励，一个自我实现的人，有勇有谋，一代杰出的政治家"！

（程杰）

狄仁杰为何效忠武则天？

　　狄仁杰，字怀英，唐代并州太原（今山西太原）人。武则天时任宰相，杰出的封建政治家。史学家对于其生卒年尚存争议，一说为公元 607 至 700 年，一说为公元 630 至 700 年，鉴于狄仁杰生卒年与本文将要叙述的一些观点有所牵连，所以需要予以说明。个人较为倾向于第一种说法，即狄仁杰生卒年为公元 607 至 700 年，如此一来，狄仁杰死时已经 93 岁，可能有人怀疑，在平均年龄仅为 28 岁的唐朝，狄仁杰有没有可能如此长寿，但是知晓狄仁杰官居高位，也应不难理解他能够占有足够多的医疗资源，对于享有尊位的人，90 多岁高龄也不是"前不见古人，后不见来者"的事情。坚持狄仁杰生于 607 年还有两个依据，一是武则天常唤狄仁杰为"国老"，"国老"一词本身就说明了长寿的意思，但还不足以区分是 70 多岁的长寿还是 90 多岁的长寿，但武则天生于公元 624 年尚无争议，若狄仁杰生于公元 630 年，比武则天小 6 岁，则已经称帝的武氏尊称其为"国老"的可能性就小了很多。二是史书间接表述，狄仁杰通晓医理，懂得养生之道，所以得享长寿也是情理之中。

　　狄仁杰一生精忠谋国，心系天下，在唐高宗时已有任职，并取得了地方大小官吏的赏识和百姓爱戴，可谓一心为"唐"，而在武则天临朝称制之后并没有像长孙无忌、魏征等老臣当初那样排挤武则天，也不像宰相裴炎，在背地谋反，而是效忠于武氏，继续做自己官内力所能及之事。排除以社稷为己任，不愿弃天下苍生于不顾的大局观念，他对武氏的效忠必然还有一些内在、外在的因素。本文主要从心理学角度分析狄仁杰对武氏效忠的原因，并予以一一论述。

一、羌人血统的证实和母系社会的影响

大唐名相狄仁杰在中国可谓家喻户晓，妇孺皆知。由于荷兰作家高罗佩《狄仁杰断案传奇》一书的影响，狄仁杰在全世界也有着极高的知名度。太原狄村是狄仁杰的故里，虽历代史志多有记载，但现存除传说是狄仁杰母亲手植唐槐一株外，别无他物。正史《旧唐书》和《新唐书》中狄仁杰的事迹不少，但有关狄仁杰家世的记载仅寥寥数笔，语焉不详。假使狄仁杰家世显赫，那么史书记载其家世应是为其增添光彩，假使其家世并不显赫，甚至有卑微之嫌，那对于这样一个百姓爱戴的清官能吏，他的有辱名望的家世自然会在史书流传过程中

狄仁杰

被抹去。事实证明，狄仁杰的家族非但本土贵族，反而有夷狄血统。

2000年7月初，太原市迎泽区王家峰村某砖厂生产时挖毁一座古墓，出土地点距狄村仅3公里，且墓主为狄姓，粗读墓志知墓主为狄湛，但叙述先世从曾祖而下至其父，都未书名讳，而且由经历和官职看上去都是羌人，与印象中的名门望族太原狄氏难以吻合。进而检索史籍，发现《新唐书·宰相世系表》有其人："后秦乐平侯伯支裔孙恭，居太原。生湛，东魏帐内正都督，临邑子。孙孝绪。"对照志文："（东魏）武定六年，除侍官正都督，八年，除征西将军，临邑子。"契合无疑。因此，确认墓主狄湛即是狄孝绪祖父、狄仁杰的高祖（四世祖）。

羌族是中华民族大家庭中最古老的成员之一，早在商代就出现于历史记载。他们很早就开始了同汉民族的交流与融合。历史上诸多周边民族部落在与汉族交往的过程中，他们所使用的汉姓，往往取其名称的第一个字，史多例证。更有相当一批后来完全汉化，使后人莫辨其源，狄姓即是一例。羌族人在很长一段时间内是母系社会体制，直到现在依然有羌族部落沿用母系制度或者半母系社会体制。在羌族人中不存在男尊女卑思想，到后期开始进入父系社会也只是男女较为平等的一种状态，就算有男尊女卑思想，也并不根深蒂固。

狄仁杰到底是不是羌族人血统，古墓中的相关记载可以说明一定的问题，其次是唐朝初期任命狄仁杰为宁州刺史，"抚和戎落，得其欢心，郡人勒碑以颂"（《旧唐书·狄仁杰传》），也不能排除利用其家族历史背景的可能性。若确证狄仁杰为羌族人血统，其祖先有可能是生活在半母系社会中，到其四世祖狄湛时才搬迁到山西太原定居，虽说狄仁杰受到羌族大环境的影响减弱了，但其羌族血统在并不长久的三位世祖的汉化过程中还有足够的保留，有理由说狄仁杰依然能够受到羌族人本性的左右。再者，尽管羌人受到汉族文化的熏陶，也不会那么容易抛弃自己的文化，狄仁杰的祖父、父辈总会在狄仁杰幼年讲些羌族人的事迹和典故，总会在一定程度上依着羌族人的习惯和道德观来培养自己的子孙。而羌族人故有的母系社会使得他们并不存在男尊女卑的思想，也很容易理解在特定时代背景下女性成为领袖的必然性。所以当狄仁杰看到武则天称帝时，虽然经过汉化后可能已有了一定的男尊女卑思想，但在潜意识中还是对武氏成为领袖抱着认可态度的，毕竟羌族人不会反对女性做领袖，而狄仁杰在潜意识中有一部分是羌族人，所以他会效忠于武氏，为周朝竭忠尽力也不奇怪。作为羌族后裔，狄仁杰的潜意识中认为有能力的人、顺应时代要求的人自然可以成为领袖，能力次之就应当辅佐其完善社稷，这与汉族本土官吏对能人贤士的推崇是不同的，汉族官吏有着根深蒂固的女性卑微思想，"女子无才便是德"就可以说明他们对女子参政是极度排斥的，而狄仁杰的羌族血统更可能支持他男女平等的思想，即武氏可以做皇帝，臣子为皇帝效忠也是理所应当的。

二、生长环境与性格形成

狄仁杰自幼生长于太原盆地，上古以前，直至一千多年前的中古，太原地区森林覆盖率达 40％多。隋唐时期，太原西、中、东三城跨汾河相接，引汾、晋水，环城绕流，"丽份环城，树柳固堤"。唐太宗的《晋祠铭》中也有记载："绝岭万寻，横天耸翠……松萝曳影，重溪昼昏，碧雾紫烟，郁古今之色……霓裳鹤盖息焉，飞禽走兽依焉。"唐后期，兰村一带，满布"林峦"。娄烦一带是唐皇朝重要的军马牧养基地，当时的林木繁茂是可想而知。那时自然灾害绝少，山川秀美，生态环境优越。太原是全国几个著名的经济富裕区之一。

这样环境优美、地阜物丰、绝少灾害的地方，会吸引羌族人来此定居就不足为怪了。在这样的地方成长起来的人会具有特定的区域特色，森林的广袤能促使人形成包容海涵的气质，物产的丰富使得人绝非小气贪婪，灾害绝少令人安于稳定。直到现在，太原人对外来事物仍极其包容，而且常常把互不相干的事物放在一起，并井井有条，视为天理。在太原五一广场附近一公里的周围，汇集了儒、释、道三家的庙宇，它们是广场西面起凤街口的纯阳宫、东面毗邻的文庙和崇善寺。学过传统文化的人都知道，儒、释、道是中国传统文化的信仰基石，能把三家的庙宇集中到一公里范围，没有乐观的态度、胸怀宽广的气度恐怕是不能做到的。

狄仁杰就是生活在这样一种宽容、接纳、融合的氛围之中，当然更容易接纳新生事物，甚至一般人看不惯的事情，他都能更好地理解，更快地接受，对于武则天称帝，也许狄仁杰最初也有反对质疑，但是以他生长的环境来看对他人格塑造的作用，他能够以极快的速度改变观念，接纳武氏为帝并效忠于她就完全可以理解了。

三、相似的自卑与超越心理

在封建社会，出身夷狄显然被认为是一种耻辱，史籍在涉及狄仁杰家世时隐晦其词，语焉不详，可能反映的是狄氏家族对这件事的态度。狄仁杰的母亲在其步入仕途之前曾亲手种下一株槐树，一是寄希望于狄仁杰成就一番伟业，光宗耀祖、荫及后人，二是劝诫他不要悖逆时势，应顺应自然，求得自安。狄仁杰自然是忌讳自己的夷狄身份被人低看的，即使他大肚能容，不将别人的评论看得很重，其光耀祖宗的希冀是无法被泯灭的。在从夷狄当中的强贵变成汉族人鄙薄的少数民族的过程中，带着这样一种与生俱来的自卑，在出身往往是豪强、名贵的官吏当中，他更希望自己能凭借真才实学，为自己和自己的宗族赢得一份尊重和显贵。

武则天的出身也并非名门望族，武氏一族在当时不算望族，甚至在众多姓氏中算是"小姓"，在家受到欺侮的武则天在外也频遭欺凌，所以小小年纪的她就知晓世事，外表显出一副老成阴狠、八面玲珑的样子，以掩盖自己千疮百孔的柔弱心灵。她有着坚强的一面，但她一切力量的源泉却是她的自卑，她无时无刻不盼望着自己是个可以步入仕途成就伟业的男孩子，而她的女子身份却糟蹋了她的政治才华，所幸她最终有机会成为太宗身边的红人，开始以女人的身份寻求自身的超越，避免别人对自己的中伤和诋毁，赢得旁人对自己的尊重。

在识人方面，武则天和狄仁杰都是杰出的。二人都能看出对方的秉性和弱点。同是出身寒微，受人鄙薄，渴望凭借自身能力爬上一个受人尊重的高位，二者难免同病相怜。武则天将其视为自己最为信任的大臣，似乎是在其身上看到了自己的身影，而狄仁杰辅佐武则天，在一定程度上又仿佛是对自己的肯定一般。

四、顺应局势，顾全大局

狄仁杰以天下为重，如老子所言“圣人无常心，以百姓心为心”，为了拯救无辜，敢于拂逆君主之意，始终保持体恤百姓、不畏权势的本色，始终是居庙堂之上，以民为忧，后人称之为“唐室砥柱”。既然以百姓心为心，天下为重，那么为何为君主效力也就不重要了，重要的是发挥怎样的作用。狄仁杰是唐朝老臣，以他的秉性断不可能不念唐朝的恩情，不可能不知道百姓心之所向还是唐朝，封建社会的百姓大部分还是不能接受武氏作为一女子而称帝统治一个国家。出于稳固江山的需要，狄仁杰也应推翻武氏王朝，事实证明，狄仁杰在为武则天效忠的几十年内也并非忠诚于武氏家族，而仅仅是忠君为民而已，狄仁杰从未支持过周朝，也多次力劝武则天立李氏后代为储君，在推荐贤人任官一事上，狄仁杰推荐的张柬之等人又是最终促使武则天退位的主力。

狄仁杰绕了许多圈子，既效忠于武则天，又在种种政事上予以规谏，劝其返主李唐王朝，最终由他推荐的张柬之等人促成武周的推翻和李唐的复兴，难道是多此一举？个人认为狄仁杰是权衡利弊之后，以江山社稷大局为重，料到盲目地使用兵力推翻日益强大的武周政权必然引起生灵涂炭，而且胜算也不大，一旦失败，李唐的复兴就彻底无望了。何况，在武周统治下，狄仁杰看到百姓有了保障，人民生活基本安康，人人期盼和平、厌恶战争。综合对武则天政治才干的客观评价，狄仁杰选择暂时稳定下来，取得信任，以对武则天的规谏为主，稳定了一个国家的政局。

五、武则天的移情对狄仁杰的影响

在狄仁杰为相的几年中，武则天对他的信任是群臣莫及的，她常称狄仁杰为"国老"而不称名。狄仁杰喜欢面引廷争，武则天"每屈意从之"。狄仁杰曾多次以年老告退，武则天不许，入见，常阻止其拜。武则天曾告诫朝中官吏："自非军国大事，勿以烦公。"武则天对狄仁杰的特殊待遇是由很多原因造成的。一是，狄仁杰确实贡献极大，位高权重，能力过人，足以达到"杀鸡焉用牛刀"的地步，得享尊荣也是不过分的；二是，狄公此时已是80多岁至90岁的高龄，理当尊重，自然也不能操劳过度；三是，武则天对狄仁杰的个人感情。

细说武则天对狄仁杰的个人感情，首先是二人的"同乡"情分，山西人恋乡之情极为浓重，很容易顾及同乡情谊而相互扶持，虽然武则天位为人主，天下百姓都是她的臣民，但是同乡之人，毕竟还是有很多相似之处，两人故居相距不过几十里，受到的环境、文化熏陶自然相差无多，志同道合的概率相比之下要大一些，思想情感的共鸣也多一些。

其次是武则天对狄仁杰的喜爱之情，不仅仅是爱才，更对他的堂堂相貌、为人处世、政治才干欣赏不已，虽然老迈的武则天宠幸张昌宗、张易之二人，但对他们的感情是肤浅的，以武则天的身份和才干更不可能由衷地欣赏"二张"这样的市野小人，但她也知道她的真情随着高宗的逝世一去不复返了，以她帝王的身份，已不可能同任何人长相守了，武则天知道，她所欣赏的人只能用来做谋臣，不能属于自己的感情，所以武则天只是保持了欣赏和爱戴之情，将对杰出异性本能的喜爱深深埋藏了，可是就算埋藏了，还是不能使得这种好感消失，于是各种特殊的待遇就加在狄仁杰身上，并无视狄仁杰的老迈，不准其告老还乡，如果说是想要继续利用他的能力，以狄仁杰 90 岁的高龄，又能做些什么？说是个人情谊倒是更容易理解一些。无论是狄仁杰为自己的江山社稷立下的功劳，还是他个人独特的政治才干和人格魅力，武则天建立起对他的信任、尊重和友爱都是合情合理的。这一点从武则天能够接纳狄仁杰废除控鹤监（相当于武则天的"后宫"）的规谏也可以看出一二。

最后，也是最重要的一点，即武则天对狄仁杰的移情。武则天早年丧父，对宠爱她的父亲极其怀念，每当受到兄弟欺侮时，更是希望得到父亲的庇护，幼年饱受欺凌的武则天内心其实有一种强烈的不安全感，这种不安全感，伴随着自卑心理总是折磨着她，让她苦于被别人伤害的妄想之中，她害怕被伤害，渴望得到像自己同父异母兄弟那样的尊严感，直至她登上皇位，临朝称帝，那种和众多男性帝王平起平坐的感觉，其实是满足了她对与自己的兄弟们获得平等的内心需求。狄仁杰比武则天大 17 岁，当她发现狄仁杰的所作所为仿佛处处为她考虑，也敢于同她争辩，丝毫没有怯懦。俨然一个严厉而慈爱的父亲形象，正是武则天心灵缺少的，正是她需要依靠的。武则天将对父亲的爱投射到狄仁杰身上，每当看到狄仁杰就仿佛看到慈爱又不失严厉的父亲形象，唤起她女儿般稚嫩的情怀。所以她常称狄仁杰为"国老"而不名，习惯于对他的依赖，狄仁杰面引廷争时也"每屈意从之"。"看到狄仁杰行跪拜礼，武则天自己的身体都感觉痛楚。"当中隐含的细腻感情，远远超越君臣之间能够达成的情谊。

武则天对狄仁杰种种特殊情感的流露，以狄仁杰的聪慧过人是不可能看不出来的，面对一个能够对自己的女儿下狠手的女皇，唯独对自己厚待有加，既非圣贤，也非草木的狄仁杰，假使能够做到宠辱不惊，也会对知遇之恩和对他的尊重而感恩。由此适当地为武氏着想也是人之常情。

无论是遗传因素，还是后天环境影响都为狄仁杰效忠武则天埋下了伏笔，再加上武则天对狄仁杰的一番情意，狄仁杰能够不同于众多反对女皇的唐朝老臣而效忠于武氏是不难理解的。

（王娟）

朋友是用来爱的，还是用来卖的？

——两篇行书中的朋友

　　被古人公认为天下第三行书的，是苏东坡谪居黄州时所写的《寒食帖》，此帖后有他的朋友黄庭坚所写的一段品评。

　　如果你上网搜索《寒食帖》的图片，而你搜到的图片上只有苏东坡所写的部分，那么，你搜到的那个图片不能算是《寒食帖》的完璧。因为，这个帖子之所以那样美轮美奂、超凡出尘、令人赞叹不已，正是因为在苏东坡所写的诗句后面，有黄庭坚写的品评文字。当然，完整的帖子再后面，也还有其他人所续的一些品鉴的文字，但是那些缺了倒也罢了。没有那些续文，只要有黄庭坚的，就可以说是《寒食帖》的完璧了。后面那些，或可以比作包装此璧的锦盒，有固然也好，没有也无伤大雅。

　　为什么这样说呢？

　　仅从书法看，如果你是一个懂书法而且没有什么先入之见的人，刚巧你没有看过《寒食帖》，也不知道苏黄两人的名气（当然我知道不会有这样的人，因为这个帖子以及这两个人的名气太大了，懂书法的人都知道他们和这个帖子），那么当你初去看这个帖子的时候，也许你会认为后面黄庭坚所写的部分，书法比前面苏东坡所写得更好。黄庭坚的书法在北宋名气之大，除苏东坡外无人能敌，

《寒食帖》——苏东坡

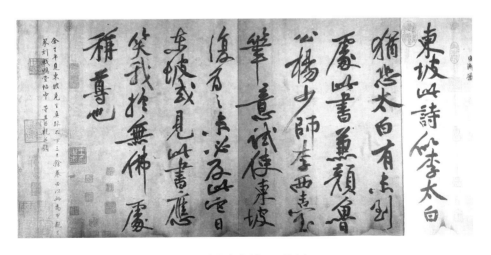

《苏东坡寒食贴跋》——黄庭坚

他的字中宫紧收，极有张力如武林高手含胸拔背，而外展的横竖撇捺气象雄健，被誉为有如长枪大戟；整篇字之间又错落有致，如子弟兵临阵配合得心有灵犀；那字的水平真真可以说是辉映千古，不但应称为第一流的精品，更可以说是一流中的一流神品。相形之下，或许你会觉得苏东坡的这篇字有些粗率，虽也是一流中的一流，但是比之黄庭坚的字或有些不如。黄庭坚的品评文字的最后一句，是说如果苏东坡看到了他黄庭坚的这个品评，也许会笑他"于无佛处称尊也"——我们看来，也很可能会像黄庭坚想象中的苏东坡品评黄庭坚对苏东坡的品评一样，认为他是"于无佛处称尊也"。

但是如果我们相信黄庭坚，相信他的鉴赏力也相信他的诚实，那么我们也许会再仔细去看，如果你真的懂书法，并且真的懂得苏东坡和黄庭坚，那么你会发现，黄庭坚的赞许绝不是过誉，苏东坡《寒食帖》不论是诗文的水平，还是书法的水平，都是当之无愧的天下神品和极品，即使比之于黄庭坚，依旧是或有胜出——我以为黄庭坚的书法可以说登峰造极了，不可能有谁能超出，而苏东坡的书法可以说是做到了"无法"，因为无定法所以无一丝一毫窒碍，所以全篇能够一任天真、直抒胸臆，所写的"书法"和当时的心境之间无比熨帖，有如云之随风，这是黄庭坚的书法所不能及的——然而如果没有黄庭坚的称许指点，也许不会有几个人能有见于此。而正是有了黄庭坚的大力举荐，我们才能看到这篇神品。而且黄庭坚所称许的，更多的是苏东坡的文字，他称赞苏东坡的文字比之于李白犹有过之，这样的大胆也可以说天下少有。

我看《寒食帖》，深深感慨于黄庭坚心灵之高贵——所谓"文人相轻"的那种恶习，于他当然是一丝不染；更难得的是他的眼力，能识别苏东坡的伟大；更难得的是他对朋友的爱，是如此纯净而深厚——我可以想象黄庭坚写那篇文字时的心情，他只有为自己朋友的一片喜悦，完全忘记了自己。我现在会说黄庭坚在《寒食帖》上的文字几乎可以和苏东坡并驾齐驱，而黄庭坚当时只怕根本就没有想到自己的字好不好，他一心只是想告诉天下人，苏东坡的这篇东西太好了，他只是一心敬爱朋友。

黄庭坚

曹昱说："《寒食帖》中的苏东坡和黄庭坚，就是伯牙和子期。如果没有了黄庭坚的这个文字，就如同高山流水的故事中，删除了钟子期的部分。"信哉此言，因此，我以为《寒食帖》之美，因这段故事而倍增。这个帖子，让我们看到有过这样的朋友，这样的相互理解，这样的真心相待，而让我们的心，每次都能因此而温暖——即使在苍凉痛苦的现实中，在"也拟哭图穷，死灰吹不起的时刻"。

我觉得天下第三行书，因为有了这样的故事，也许会超过天下第一行书。

当然，天下第一行书也有故事——没有故事的古董很难声名鹊起，好故事是名品的好广告，天下第一行书的流行，也正因有一个传奇性的故事。

天下第一行书是王羲之的《兰亭集序》，这是王羲之和友人们在兰亭聚会的产物。那是一次快乐的聚会，景色秀美、觞咏怡情，王羲之信笔而书，无心中写得珍品。过后再看，他自己禁不住得意。只是觉得其中有个别写字得不够好，并且有涂改也是有些遗憾，于是就决定重新再写一篇，但是怎么写也写不出那种神韵了。这也不奇怪，在崇山峻岭、茂林修竹的陪伴下，在曲水流觞、畅叙幽情的氛围中，写出的文字中有山岚之气、有竹木之荫、有清水之润、有交友之喜，这些在家中是没有的，配料不足怎么可能写出。

这个轻松而快乐的友情故事让《兰亭集序》有名，但并不是《兰亭集序》得以如此有名的最主要的故事。让《兰亭集序》成名的，还有另外一个故事。

唐太宗李世民是一个书法迷，他非常喜爱王羲之的书法，更渴望能见到和得到《兰亭集序》。他打听到《兰亭集序》的下落，这帖子在一个和尚辩才的手里，他是王羲之的后人智永的弟子，是个大有文才、超然不俗的人物，他热爱书法因而也非常珍惜《兰亭集序》。为了避免麻烦，他甚至都不承认《兰亭集序》在他的手里。因此，即使是皇帝也拿他没有办法——当然，李世民毕竟是自我定位为"明君"的那一类，所以也不能采用暴君的那些手段——比如，派兵抓获这个和尚，严刑拷打逼问帖子的下落，或者掘地三尺去寻找这个字帖。

于是不愧是心理学大师的李世民，采用了一个特别的策略。他派一个非常有才华和文学素养的高级官员萧翼去完成这个任务。萧翼化装为一个落魄的文人，寄宿到辩才所在的寺院。他渐渐地和辩才熟悉，无事时就和他一起谈论文章、古今、人物以及书法。作为一个国家大员，花费如此之多的时间，到寺庙中跟和尚谈论这些无

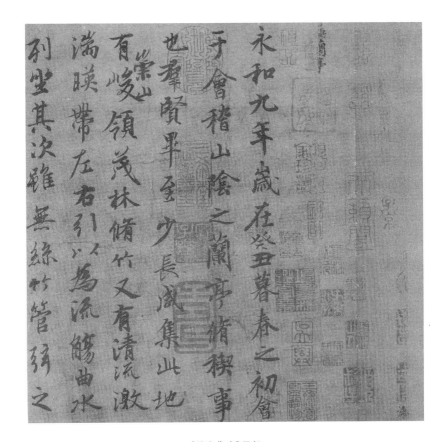

《兰亭集序》局部

用之事，算起来这个成本可比什么千金万金要多得多。萧翼的才学当然是非同凡响，而更何况他是有计划在心，处心积虑地要结交辩才。不久后，辩才就对萧翼赞赏备至，把他当成了知己和挚友。对他渐渐几乎是无话不谈——除了不谈《兰亭集序》。直到很久后，他才终于拿出了《兰亭集序》，而萧翼也终于完成了任务，他公开了自己的真实身份和真实目的，那就是要获得这《兰亭集序》。

李世民也终于得到了他想要的这个帖子，他的艺术爱好满足了，他也没有使用暴力并保住了明君的名节。得来不易的东西当然最有价值，一个皇帝用多少钱都买不到，需要让一个朝廷大员费尽心机亲自出手花费一年才能得到的，不用说当然是无价之宝了。于是李世民令国内当代的各书法大师去临摹，获得了一些最高级的仿品。真迹他也藏在最安全的地方，轻易不给任何人观赏——在李世民临故的时候，还特意吩咐儿子要把这字帖给自己随葬。不像其他那些庸俗的皇帝只知道随葬金银珠宝。

这成了一段佳话。

我不喜欢这段佳话。

因为李世民并不关心辩才会如何，他关心的不过是《兰亭集序》而已。

萧翼呢？他关心辩才吗？

设想一下，当辩才突然知道，萧翼是朝廷派来骗取《兰亭集序》的间谍的时候，是什么心情？

人生难得一知己。他本来以为自己遇到了一个真正的知己，他倾心结交这个知己，多少个日子中，一壶清茶，他们谈文论艺，说古道今，多少的喜悦和欣赏，多少的相知之感……最后，对方告诉你，他只不过是在算计你的藏宝而已。

什么知己，逗你玩呢。

情何以堪？

辩才失去《兰亭集序》，固然深为可惜，然而还有更可惜的，是被耍而失去的尊严感，这固然深为可惜，然而还有更可惜的，是交出真心而被人践踏。我甚至想，如果我是辩才，会不会我宁可遇到一个暴君，严刑拷打掘地三尺夺走我的字帖，那样我会失去字帖但是至少我不会失去对知己的信任，也不会失去我给挚友的一片真心。

王羲之的《兰亭集序》，从朋友们欢乐的春游开始，从假朋友之欺骗结束，写的是一个朋友的悲剧——朋友，有时是可以用来出卖的。

知己，这种高境界的朋友，只有苏黄这样高贵的心灵才能享有；只有萧翼这样的高智商间谍才能利用。

中国的文化中，自古就有对这种真心友情的渴望，也自古就有对这种真心友情的欺骗，在世俗的成功中，当然是后者更为成功，因为最真心的友情也最能卖出大价钱，而中国自古不缺乏骗取真心友情的高智商人物。不过在真正的幸福上呢？

我猜，对于那个被骗的可怜的和尚来说，这个受骗也未必是坏事。执着于书画文学，固然是比执着于金钱美女要高雅，但是对于解脱生死来说一样是个窒碍，被夺走这个窒碍，未必不是一个解脱的机会。看到了假朋友的真相，也未必不是一个看清贪嗔痴的真相的机会。这世上的真成败，高智商也未必能看清，也许只有真智慧才能知道吧。

毕竟你我都太痴。

王安石的心理分析

王安石这个人很怪。

身为宋代最高级别的官员，相当于
我们的总理职位，却不讲卫生到了
极点。

不喜欢洗澡、不喜欢刷牙、不喜欢
洗脸、更不喜欢洗衣服。

下属见到他脸色很黑，怀疑他有
病，请来医生诊断。医生仔细看了之后
说，"没病，就是脸上的泥太多了"。

皇帝和大臣们一起讨论事情。王安
石侃侃而谈的时候，从他的胡子里居然

王安石

爬出来一只虱子。弄得大家狂笑，王安石居然还不知道是怎么一回
事呢。

同僚实在受不了他身上的馊味了，决定硬拉他一起到公共浴室
洗澡，然后同僚才好把他的脏衣服扔掉，换新衣服给他，这样办公
室总算能有几天空气质量达标的日子了。

我就很奇怪了，王安石也是有老婆的人，他老婆就不管管他？

不光是我奇怪，苏洵也奇怪了，他怀疑王安石这家伙是装的。在他看来王安石弄得这样夸张，无非是想让大家觉得，他王安石是多么不在乎生活享受，他是只关心国家大事而不关心生活小事，总之他王安石是个无私的人。苏洵觉得这种人，说不定才是真正的坏人呢。

有这种怀疑的不只是他，连仁宗皇帝也有点怀疑，因为有一次，仁宗皇帝带大臣们在御花园玩钓鱼。给每人发一碟子鱼饵。结果王安石的鱼饵用完了，鱼却一条都没有钓上来——不是没钓上来而是他干脆就没有钓，不知道他思考什么国家大事呢，没有钓鱼饵怎么会用光呢？原来不是用光了，而是吃光了——王先生光顾着想事情了，没有注意是什么，把鱼饵当成皇帝发的小吃茶点呢，给吃光了。仁宗皇帝就有点疑心了，没注意不小心吃了鱼饵这也不奇怪，牛顿还不小心把挂表当鸡蛋煮了呢？思想家科学家都容易犯这个毛病。不过一碟子都吃了？这也太夸张了吧，是不是装的？

不讲卫生，不在意日常生活，要说只是小节，在真正的大事上，王安石怎么样呢？说起来就更复杂了。他有才华这个是人们都承认的，诗文之类的才华固然非常之好，但是这还不算什么，他一开始参政就干得非常出色。他的私德也挑不出什么毛病来，他不贪污、不奢侈、不好色，唯一的爱好就是工作。正是因为这些，一开始很多人都希望他能提升到高位，而他却多次推辞当高官，这又显得很谦虚。而当他最后推辞不掉当了一人之下万人之上的最高官员后，他所做的就是立志变法。但这里出了问题，他推行的新法受到了大多数官员的反对，于是他不惜一切代价强力推行新法。为了新法，他打击了一大批优秀的官员，提拔了一大批支持新法的年轻官员——可惜那些人往往并不是对新法有多么支持，而且为了自己升官而已，这些人中反而有不少腐败分子。新法的结果，虽然给国家增加了不少收入，但是百姓却受到了不少盘剥——有人说这不是新法有问题，而是执行者那些中层官员有问题，才导致了新法的失败。反正最后是上上下下都怨声载道：皇太后对新法很不满，大臣中除了那少许新法推行者外都不满，百姓对新法也很不满。唯一力挺王安石的人，神宗皇帝最后也撑不住了，于是变法就此停止。从效果看，大家都承认王安石失败了，变法并没有让国家富强。相反，有些人认为北宋之所以亡国，就是从王安石变法开始走下坡路导致的。但对王安石的评价却非常不一致——历史人物中很少有人得到了如此不一致的评价，有人认为他是个伟大的改革者，只不过是被别人阻碍而没有成功；有人认为他是个好人，但是做了错事；也有人认为他是误国害民的罪魁。

对王安石的生活细节的理解，能帮助我们了解做大事的王安石。如果我们把王安石生活中的那些怪异表现看成是表演、装相，看成是引人注意塑造自己一心为公的形象，那么这就说明这个人极为虚伪。如果我们说这些细节是真实的王安石，那么，这些细节也能说明一些关于他性格的东西，而这又能帮助我们了解王安石变法过程中的行为表现，让我们知道他个人性格对他的行为，进而对当时北宋的国家有什么样的影响。这些，对我们了解历史的规律，又有什么启发。

性格是心理学所研究的领域，所以我想从心理学家的角度去分析他也许更好。如果我把王安石看作我面前的一个来访者，我会怎么看他？对他的这些行为，作为一个心理咨询师，我会怎么解释呢？

首先我也会评估，他的行为是他性格的真实表现，还是一种伪装。以心理咨询师的视角，我会评估这是真实的，而非伪装。因为要伪装成这个样子，而且在日常生活中时时刻刻不露馅，需要非常艰辛的努力。一个正常人，如果要装成如此不讲卫生，必须长期忍受很难受的感觉。而他必须十分必要，才会这样去做。如果说他处在孙膑被庞涓迫害这样的情境，为了保住命必须装疯，那这样做是必要的。而王安石则不然，他一贯如此，即使是在他大权在握，除了皇帝人人都比他地位低的时候还是这样做。而皇帝对他信任有加，并不需要他装疯。

如果王安石是伪装，他要伪装成什么呢？不讲卫生其实更像是魏晋名士的风格，或者像吕洞宾、济公游戏人间的味道。这显然不利于他，他是要入世的。伪装成不在意生活，一心工作，也没有必要澡都不洗，这反而容易给人不好的感觉。实际上，大家是因为他其他方面的表现，而宽容了他的不讲卫生，而不是因为他不讲卫生，而觉得他的人格得到了加分。

好，王安石如果不是伪装，那么，这个行为特点说明了什么呢？

我分析，第一，这说明他完全活在精神世界中；第二，这说明他对别人的看法完全不在乎。

完全活在精神世界中的人，都或多或少不在乎自己的身体。早期那些很投入的科学家，常常会有这样那样的逸事，说他们对生活琐事是多么不在意。艺术家在很投入地创造时，也会不在意自己的外表。工作很投入，但不是沉浸在精神世界的人，对自己的身体还是会注意的——比如我们一般人。只要你在心理上认同这个身体是自己，就必然要做身体所需要的事情，让身体好一些，才能让我们心理上更满足。我们一般人之所以要让自己更整洁，也不仅仅是认为这样不容易生病等，而是如果我们自己脸上一层黑泥，衣服上都是油腻，会很伤我们的自恋。王安石不一样，他完全认同自己的精神世界，而不把这个身体和自恋联系在一起，因此，这个身体是脏是臭，也就完全不必在意了。

在乎别人的看法，也会注意外表。除了演艺家之外，商人、政治家一般来说都是最注意外表的人，因为他们都是和人打交道，别人的看法对他们的事业很重要。我们就算自己不在乎外表，但是如果外表脏成这个样子，我们在别人面前也会很没有面子啊。王安石身为政治家，按道理说，也应该是注意外表的那种人，但是他却如此另类，正说明他对别人的看法是多么不在乎。

这样的人，在心理学归类上，大体上可以归到"自恋型人格"那一类。他们的心理发展，其实更像一个活在自己幻想中的孩子。他幻想了一个非常好的事情，然后，以孩子一样的激情去推进它，而且完全不去管别人。

这些特征，在他变法的过程中也同样清晰地表现出来。

王安石变法前，当时年轻的皇帝召见他，问他变法的预期成果如何？能不能赶上唐太宗或汉文帝。王安石的回答是，何止，我们一定会超过唐太宗、汉文帝，达到尧舜的水平。尧舜的水平是中国古代人所能够想象的最高水平。怎么可能一个变法，就可以把国家一下子提高到这样不可思议的高水平，这完全是一种幻想。从这点看，王安石固然有其理性的一面，但是在他的潜意识中，他就是一个活在幻想中的孩子——孩子的幻想是无局限性的。

变法开始后，王安石力排众议，一意孤行地执行自己的新法。

所有对他的新法有反对意见的，他都看成是"奸邪"，这也是儿童心理的一个特征，就是以偏概全地看人，而且黑白分明。在他的心目中，变法是多么美好而伟大的事情啊，既然变法这样好，而你又反对变法，那这一件事已经足够证明你是坏人了。王安石丝毫不在乎别人的看法，提出三不畏，也就是不用担心别人说什么；不用去管祖宗的法度是什么；也不用害怕天意。这是自恋的顶峰，一个人认为自己比所有其他人都强，别人都不懂只有自己懂，不担心自己也许会有考虑不周的地方，这也还罢了。他也不在乎"祖宗法度"，也就是相信自己超过在历史中形成的规则，相信自己的知识超过了几代人摸索出来的经验。他甚至不在乎"天意"，也就是自然规范，这是自恋的真正顶峰，自恋到以为可以对抗"天"也就是大自然的规律——有自恋人格的人，不论他的外表多么理性，内在都不过是一个不懂事的孩子，他会幻想人可以对抗大自然、对抗自然规律，幻想可以创造出奇迹。

王安石失败的原因也就在这里，你可以不怕别人，你可以一意孤行，但是世界不会总是配合你的幻想。王安石认为反对他变法的是坏人，所以他把司马光、苏轼等系列的人物都贬谪一空，提拔了许多支持他变法的新人——但是那些人大多都是投机分子，他们的目标只不过是乘机让自己能得到最快的提拔。王安石不在意人，所以事情会在人的方面出问题。王安石的一些新法固然看起来设计得不错，但是，他没有考虑好人的因素。比如，他设计的"青苗法"类似一个国家银行，春天国家贷款给农民，让他们有钱去买种子等农业用品，然后用田里的青苗做抵押，秋天国家再从农民那里收粮食。但是他没有考虑到执行时会出的问题，那就是他的设计中负责

155

这个银行的人都得是规规矩矩的。由于国家权力垄断，结果是春天，官员们为了自己的政绩强行摊派贷款，百姓不要不行，这样不需要贷款的百姓也必须领取，而领取的这些贷款却没有用处，然后到了秋天再高息收回，农民的负担因此而加重。加上在这个过程中，贪官可以趁机腐败中饱私囊。王安石并没有仔细筛选官员，所以他提拔的多为奸臣，下面的官员也比以前的更差，这个问题就格外严重——结果使得王安石的新法，不论本身设计有问题的，还是本来设计得很好的，都一概出现了问题。

结果，本来王安石计划中的大跃进并未出现，却出现了大破坏，最后导致上上下下一致强烈反对，民怨沸腾。

王安石的后台支持者，神宗皇帝，最后也实在撑不住来自四面八方的压力，只好放弃了王安石和他的新法——其实神宗皇帝也是有点自恋性人格，他之所以力排众议全力支持王安石，就是因为"尧舜"一样的国家这个幻想打动了他。不过对于皇帝会这样，还好理解一些，毕竟皇帝当时还很年轻，不过二十出头，大学生的年纪，有些自恋、有些幻想、有些容易激动、容易狂热是相对更正常的事情。

即使失败了，即使他的新法给社会带来了很多损失，王安石的反对者以及百姓也都觉得王安石不像个坏人。苏轼依旧愿意和王安石当朋友交往，老百姓也不过是恨恨地把王安石叫成"拗相公"，一个固执的文人。

这段历史告诉我们什么呢？我能想到的是，必须要有个人际平衡，不能一个人说了算。要不然一个人的个人性格弱点，就会损害全民族的利益。即使有些变革会因此更多一些阻力，推进得更慢，也是值得的。慢总好过翻船。看到了这段历史，你想到了什么呢？

明成化皇帝

——一个孩子

明成化皇帝朱见深，一生专宠比自己大 19 岁的万贵妃。有人因此大加赞扬成化皇帝对万贵妃的超越年龄的"忠贞"爱情，成化帝对万贞儿是忠贞不渝的爱情吗？我认为其实只是一种病态的依恋。

成化从未真正地爱过，也从未得到过真正的爱情，因为他从来没有懂得过什么是真正的爱。他害怕孤独，却自始至终都很孤独。

成化皇帝朱见深于正统十二年出生，虽为正统皇帝的长子，但他的生母周妃并非正宫皇后，史书中也并未记载正统帝对其有特殊的宠爱，再加上正统年间并非盛世，政治日趋腐败，矛盾逐渐显露和恶化，

朱见深

万人之上的正统皇帝又会对这个孩子付出多少爱呢？后来正统帝在登帝位后听信谗言而怀疑成化，差点把他的太子废掉，也可见他们父子间并没有多么深厚的感情。不满三岁的成化尚未感受到切实的父爱之时，就发生了土木之变，正统帝被俘，皇宫大乱，天下大

乱，我猜想更是无人关注这个小皇子。在一片慌乱之中他突然间又被立为太子，对于一个孩子，当别人突然间对他俯首称臣，自己忽然间被抬得高贵无比时，他并不会有也不懂得这是个惊喜的事情，也许只是感到惊吓与惶恐。而其叔父景泰帝即位之后，一心想废了其太子之位，而改立自己的儿子为太子。趋炎附势的人们对这位太子的态度应该是有变化的。而被废为沂王后，他仍是无法安心，命运依旧掌握在他人手中。从人情冷暖之中，他被迫早熟了，他看到了人性的险恶与狡诈，自私与贪婪。夺门之变后，他父亲正统帝又重登皇位，他也再次被立为太子。在经过了命运的起起落落之后，他仿佛变得淡漠、不争，他似乎看淡了这些名利纷争，可以理解并原谅那些和他一样脆弱可怜的人们，后来他对景泰帝之事也无多怨愤。其实他并没有真正超脱，他只是把自己的感情隔离了，内心跳出了这个圈子，退入自己内心更深的小圈子之中，而让自己脆弱的心能够得到一些安宁。幼时他的命运一直被人主宰，时而高贵无比时而又性命难保，巨大的起落和动乱使他内心孤苦无依，战战兢兢，渴望被爱，自卑怯懦，看不到自己的价值。口吃正是他自卑的外在表现。他想紧紧抓住爱他的人——他的祖母孙太后，他的生母周妃。他最初最信任的爱就是从年长的女人们身上得到的，她们给他最安全、最温暖的感觉。他重视得到的每一点一滴的爱，因为爱才是孤独自卑的他最需要的。景泰帝的汪皇后因反对景泰帝易储而被废，当正统帝命景泰帝妃嫔殉葬时，成化请其父不要令汪皇后殉葬，之后汪皇后生活艰难，成化帝也对其多予帮助。至于爱他的祖母与生母，其敬爱与尊重就可想而知了。成化帝生性温和宽容，并且不是很看重名利，但仍有违旧例，并尊其母与钱皇后两宫皇太后，只是因为爱其母，凡事都不忍违背罢了。

其实他对万贞儿亦如此，不过万氏更为主动地对成化帝施以影响。万氏四岁入宫为婢，在多年的奴仆生涯中，聪明伶俐的她不仅学会了驻颜养容之术，更学会了为人处世的心法，善于揣摩别人的心思。这个女子从小也是缺失爱过多，而又天资聪颖，因此，有很大的野心和很强的占有欲。所以她并不甘于现状，又明白如何向富贵攀爬。在成化帝 11 岁那年被复立为太子之后，万氏与成化的来往就更为密切了。根据前文所述，成化显然不能不对她产生感情。孙太后归天后，成化就把万氏召入他的府内。此时成化 16 岁正值情窦初开的年龄，而万氏 35 岁，正是一个女人成熟的顶峰时期，她已对成化了如指掌，知道如何对他散发其性魅力，如何控制他。刚进入青春期的少男是无法抵挡的，于是他们有了男女之事，后人便以为成化是爱上了万贞儿。也有人不解成化为何舍弃那么多如花美眷而羁绊于一个年长的老女人。是他忠贞的爱情吗？如果那样，万氏就不需要到处打别的妃嫔的胎了。只有一个解释——心理依赖。成化仍只是一个普通的喜爱美女的男人，也会对别的妃嫔宫女动心，这只是他生活的部分需要，作为一个封建王朝的皇帝产生的自然需要，但是对于他这个个体而言，最重要的并非这些——美女、江山、财富……都不是，他只要有人给他爱的感觉，温暖踏实的安全感，这种感觉万氏能给他，万氏的年龄对于成化来说恰是优势。成化帝生母周太后曾不解地问成化帝："彼有何美而承恩多？"成化帝答道："彼抚摸吾安之，不在貌也。"

自卑的他只有从他以为爱他的人身上才能看到自己的价值，所以他不忍违背她们的意愿。别人再多的肯定他也难以相信，因为他并不相信他们，不在乎他们的评判；而爱他的人的一丝不满仿佛就是对他的全盘否定，让他内心惶恐不安，因为他怕失去这仅有的爱。有人可能认为这是一种恋母情结，可能有一些，不过我认为这不是主要的，因为他在母亲那里并没有得到溺爱，也从未与自己的父亲正面"交锋"而争夺母亲的爱。

成化从未长大过，他一直是个孩子，没有得到他需要的足够的爱，活在自卑与不安之中，渴求着爱，仅靠抓住一丝自己认为的爱，藏在其中来获得内心的安宁。他的宁静淡泊甚至宽厚质朴只是藏在茧中的他展示给世人看到的茧的外壳，自卑胆怯的人何来攻击性，战斗力呢？他柔弱无力，心理能量小，注定不会是一个有为的好皇帝。本来，一个孩子又怎么能当好皇帝呢？

谭嗣同心理分析

谭嗣同是中国近代史上对民族性格的塑造产生过深远影响的一个人，有关他的研究成果非常多，近现代很多著名的学者都对谭嗣同的思想和作品做过研究，诸如，王克郡、郑鹤声、李泽厚、冯友兰、张德均、陈旭麓等。但是，前人的研究都仅限于研究他的思想以及历史考证。没有人专门从心理学的角度，从人格结构深层，结合思想和行为，对谭嗣同的心理做过全面的研究和分析。

本文就是要从这样一个新的视角，去研究谭嗣同这个人，研究他的心理。

本文使用的最基本的方法，是精神分析心理学的方法。以谭嗣同的童年生活史料作为分析基础，分析他童年的生活史对性格塑造的影响，以及童年的这种性格对他以后生活的影响。

一、有关个人生活史的心理分析

（一）童年心理分析

1. 关于少年照片的一个调查结果

精神分析心理学认为，一个人的外貌、长相、行为等，可以反

161

映他/她潜意识的心理，包括心理特点、心理品质、心理活动等。我们可以通过解读一个人的照片，来解读一个人的内心，解读他/她内在的心理。

在不告诉对方任何有关照片背景和信息的情况下，笔者随机抽取 35 名被试，做了一个调查，题目是："请用几个形容词来形容上边照片的人（形容词最少一个，不重复）"，结果收到的全部形容词以及形容词出现的频率，如表 1。

谭嗣同少年时代的照片

表 1　谭嗣同青年时期照片描述调查结果

形容词	频率	形容词	频率	形容词	频率	形容词	频率
瘦弱	1	侠义	2	英勇	1	冷酷	1
失落	1	专注	1	坚贞不屈	1	凶残	1
坚定	4	愤怒	2	镇定	1	阴森	1
迷茫	1	固执	2	严肃	1	警惕	1
智慧	2	倔强	2	执着	2	执拗	1
苦大仇深	1	刚毅	3	病态	1	坚强	1
坚持	1	冷血	1	坚毅	5	恐怖	1
壮志未酬	1	凶狠	2	迂腐	1	诡异	1
忧郁	2	温柔	1	落魄	1	凌厉	1
压抑	3	书卷气	1	惆怅	1	愤懑	1
大义凛然	1	邪恶	1	委屈	1		

从表 1 可以看出，被试对谭嗣同的形容，出现频率最高的词汇

是：坚毅；其次是：坚定；再次是：压抑、刚毅。换句话说，被试
对谭嗣同童年照片的印象，最普遍的是坚毅；其次是坚定；再次是
压抑、刚毅。

2. 童年生活史对心灵成长的影响

精神分析心理学认为，一个人的童年生活史，对其人格形成影
响深远。什么样的家庭环境，什么样的童年生活，很大程度上决定
了一个人将来会是什么样的性格，有什么样的心理特点。

谭嗣同童年的家庭环境，有一个特点是很明显，很确定，也可
以得到学术界普遍认可的：慈父严母。他的父亲是湖北巡抚，晚清
重臣，为官清廉，体恤民生。母亲是典型的中国传统母亲的形象：
贤惠、勤劳、质朴丈夫官居四品她依然穿补丁（而且是多重补丁）
衣服，勤于劳作，养了很多孩子，属于背上背一个，手上还拉扯着
一个的那种。曾经有过这么一件事，谭嗣同的老师住他家，听到外
面纺车响了一通宵，第二天顺便跟谭嗣同说你们家奴婢真够勤劳，
谭嗣同告诉他那是自己的母亲，老师特别震惊。在教育子女方面，
谭嗣同的母亲要求非常严格，在孩子们面前，她正襟危坐、不苟言
笑，一旦孩子有什么"不肖等过失"，马上棍棒伺候。

这样的家庭环境里成长起来的谭嗣同，可能会形成什么样的心
理特点呢？笔者认为会有以下特点。

（1）柔弱

孩子小的时候一定会在心理上以身边的人为榜样，最近的就是
父亲母亲。父亲太仁慈，母亲的性格比较强硬，那么男孩往往会形
成一种带点柔弱的性格特点，反正不会成为一看就很阳刚的男性。
因为男孩主要是以父亲为榜样成为男人的，而仁慈的父亲身上缺少

作为男人的阳刚的一面，所以这种家庭里的男孩，往往有点柔弱，真正男性化的那种力量不容易发展出来（除非孩子在心理上有很阳刚的精神父亲作为替代）。

（2）孤苦

孩子的心理发展过程中，母爱是决定其健康与否的最为关键的一个因素。母爱给得比较适度，则孩子的心理可以健康成长。给得过多，过度溺爱，孩子会沉溺其中，被母爱包裹，长不大；给得过少，过度缺乏，则孩子会因为母爱的过度不满足而形成各种心理问题。谭嗣同从母亲那里得到的爱，显然过度不满足。母亲虽然很善良、很贤惠、很勤劳，但她显然不知道怎么跟孩子建立亲密健康的关系，不知道怎么给孩子需要的爱。孩子以后非常有可能像她一样勤劳善良，但却会始终不知道母爱是什么样子，始终得不到自己想要的爱，得不到那种充满母性的爱，得不到妈妈对孩子的那种无条件的关怀、理解和支持。谭嗣同的母亲所给的，是严格的教育，显然不是婴幼儿时期孩子真正需要的爱。渴望而得不到，这样的孩子在内心是孤苦的。笔者认为谭嗣同的心理就符合这个特点，而且这是谭嗣同身上最为明显的一个特点，是基本的一个性格特点，其影响无处不在，他的一生，始终都带了这个性格特点。

3. 分析结果与调查结果的比较对照

通过描述照片来解读一个人的内心，这种方法并不绝对科学，但也不是完全没有可信度。在不带任何评判的情况下完全用感觉来解读，有时候是可以做到很准确的。

在有关谭嗣同少年照片的调查结果里，笔者认为绝大部分形容词都不是被试任意捏造出来的，都有一定的可信度，因为可以从谭嗣同的心理上找到根源。

坚毅、坚定、刚毅这些出现频率最高的词汇，我认为可以把它们看作在描述同一种或相类似的一种心理品质，而这种心理品质在谭嗣同内心显然是有的。前边分析了他孤苦的心理特点，这儿说的这种心理品质跟孤苦的心理特点直接相关。渴望得到而又得不到，孩子内心孤苦，但同时也很可能形成一种倔强的心理特点，就是让自己坚强起来，不依赖这种爱，不需要这种爱。

谭嗣同的妈妈曾经在孩子身上发现过这种细腻的情感反应，它跟谭嗣同那种大义凛然、视死如归的大丈夫形象看起来似乎有点不太相称。谭嗣同7岁的时候，母亲陪同长兄南归完婚，临走的时候"戒令"谭嗣同"毋思念"，结果一年后母亲回来的时候，谭嗣同瘦了很多，母亲知道他是因思念所致，故意问他缘由，他却拒不承认。母亲便开玩笑说："此子倔强能自立，吾死无虑矣！"

我觉得谭嗣同坚毅、坚定、刚毅等这些心理品质，多少跟小时候就形成的这种倔强的性格特点有关系。根源上，它来源于孤苦的心理特征。

另外一个出现频率最高的词汇是压抑，这其实就更好理解了，有情感需求而不表达，故意压制，故意表现得坚强，表现得不需要，这本身就是在压抑。习惯于这样的方式，人会变得让人一看就觉得这人很压抑，所以笔者觉得，很多被试在看到谭嗣同的照片时，马上觉得这人很压抑，这是完全可以理解的，很正常。

相应的，其他一些调查中出现的词汇也就很好理解了，比如，失落、迷茫、忧郁、愤怒、冷血、凶狠、温柔、执着、病态、落魄、惆怅、委屈、冷酷等。人在情感需求长期得不到满足的情况下，出现这些形容词所表现出的反应，是很正常的。当然，需要补充解释一句，这种解释不是绝对的，这些形容词所描述的心理品质，可能跟其他的内在心理有关，而不一定是跟孤苦的心理品质有关。但是有一点可以确定，不管是从我们对谭嗣同照片的印象，还是从他童年心理的分析来看，我们都可以肯定，谭嗣同是个情感需求方面很压抑的人，过分压抑情感需求，那么，出现上边的这些反应是很正常的。

还有一些词汇没能得到解释，这里不再一一罗列，因为它未必跟谭嗣同的童年心理有多少直接的关系。甚至有的词汇可能未必一定适合放在谭嗣同身上。这里只再具体提一个，是瘦弱。

解释这个特点，首先要说明一下，谭嗣同在家庭里排行最末。

心理学家阿德勒深入研究过家庭排行的问题，发现家庭排行对一个人的心理发展有着非常明显的影响。比如，排行老大的孩子，会有一种内在的焦虑，怕被人超过，所以事事表现得像个老大的样子，罩着弟弟妹妹们，很有责任感；而排行老二的孩子，也会有一种内在的焦虑，怕超不过老大，所以竞争性非常强，总是努力超过老大，责任感方面超不过老大，就会在其他方面表现得比老大更优秀，借以超越老大。

而排行最末的老幺也会有明显不同的心理特征，他/她会有一种天生的弱小感，觉得自己没有别人高、没有别人大，但是他/她会有自己独特的本领，比如，通过示弱来获得别人的同情和关爱。所以一般排行最末的孩子，都很招人怜爱。

表现在身体上，他们要么胖乎乎的傻得可爱，比如猪八戒；要么瘦弱得让人心疼，这种例子就太普遍了。

笔者怀疑，谭嗣同就有点这种心理特质，看他的身体很瘦弱、很可怜的样子。当然，并不是说谭嗣同有意这么做，这是深层心理无意识的一种影响，跟人品没有关系。

再联系前边分析的，父母性格原因带来的柔弱的特点，那么现在，他身上出现瘦弱、温柔这样的形容词也就可以理解了。

(二)童年心理后续分析

精神分析心理学认为，童年对一个人的影响是巨大的。笔者完全接受这样的看法，笔者认为，童年所养成的习惯，童年所形成的那些内在的心理特征，可能对人的一生产生持续的影响。严重的，可能影响到一个人的命运，决定着这个人的一生会是什么样子。

我觉得，这种影响在谭嗣同身上是明显存在的。他的一生，始终都在受着童年心理的影响。

前边分析了他童年心理的一个主要特征是孤苦，下边具体分析一下，这种心理对他以后生活的影响是怎么表现的。

如果一个人内在的心理特征就是孤苦，觉得自己苦，那么这个人以后的生活也会很苦，苦永远是他生命的情感基调，如同受了命运的安排，逃都逃不脱，在生命中经受各种超乎想象的痛苦。

谭嗣同很早就接触了死亡。12 岁的时候京师闹瘟疫，谭嗣同的母亲、长兄、仲姊五日内相继而亡，他自己也昏死了三天——只是后来又奇迹般地复活了。我认为这对谭嗣同而言是个很重要而又很具有代表性的事件。他自己后来回忆这段经历的时候也发了一个感慨："少更多难，五日三丧。"

单从现实的角度来看，我们可以说，闹瘟疫这种事情仅仅是个偶然事件，不幸让谭嗣同碰上了而已。但从精神分析心理学家的眼光来看，这个偶然事件偏偏发生在谭嗣同身上，可能不完全是偶然的。假如一个人的内在心理就有巨大的苦，那么可以说，他注定了要在生活中遇上这样重大的苦难事件。

从前边对谭嗣同的分析和了解，我们有理由相信，谭嗣同这个人的内心，苦是占了很大比重的。是否苦到要在生命里笼罩着死亡的气息？我觉得有一个证据可以作为辅证为我们提供参考，那就是他接触死亡的气息，其实比瘟疫事件要更早。

小时候在宣武城南读书，他后来对此情此景的描述是："地绝萧旷，巷无居人，屋二三椽，精洁乏纤尘，后临荒野，曰南下洼。广周数十里，苇塘麦陇，平远若未始有极。西山晚晴，翠色照地，雉堞隐然高下，不绝如带，又如去雁横列，霏微天末。城中鲜隙地，民间薶葬，举归于此。蓬颗累累，坑谷皆满，至不可容，则叠瘗于上。甚且掘其无主者，委骸草莽，狸㹨助虐，穿冢以嬉，髑髅如瓜，转徙道路。加北俗多忌，厝棺中野，雨日蚀漏，谽谺洞开，故城南人少而多鬼。"

这似乎不该是一个孩子应该感受到的心境?！不排除一种可能性，这是谭嗣同成年以后的回忆，可能不完全是当时的心境，加入了成年心理的成分？但即使是这样，也不能完全否定他当时的心境，因为至少是以当时的心境为基础的。而且，如果加入了成年心理的成分，那就可以更好地说明，这种阴郁而充满鬼气的心境，对他这个人的一生影响何其深远——成年以后依然没断！

事实也的确如此，他几乎一生都笼罩在死亡的气息里，12岁母亲、长兄、仲姊死了，24岁的时候仲兄死了，33岁的时候他自己死了。

这位仲兄的死特别需要提一下，因为从他写的各种对这位仲兄的怀念的文章来看，笔者怀疑，他从心理上是把这位仲兄当榜样的，很依赖仲兄，对仲兄的情感极为深厚，可能远远超过家庭里的其他任何成员。这位仲兄"平生好交游，重然诺"，喜欢兵法，对天下大事颇有自己独到的见解，曾经被台湾巡抚看重而起用负责督察盐税，治理工作做得极其出色。

可以看出，谭嗣同性格上跟这位仲兄颇有几分类似。所以笔者猜测，谭嗣同内心高度认同他的这位仲兄。假如真是这样，问题可就有意思了，有意思的地方在于他们死亡的年龄。

仲兄生于 1857 年，死于 1889 年，活了 32 岁，传统的算法是 33 岁；而谭嗣同自己生于 1865 年，死于 1898 年，活了 33 岁。比二哥多活了一点儿。

精神分析心理学的深层心理研究发现，人甚至是年龄这种非常基本的问题，都可能受深层心理的影响。比如，某人在内心深层认定自己不能活过自己的父亲，那么他的确可能在活到接近父亲的年龄时就去世了。

谭嗣同的年龄会不会也受这种心理因素的影响？比如，他在内心深层认为自己要活过仲兄，但是也不能活过太多？从现实的表现上看，他可能也的确是有跟二哥之间的潜在竞争的，他像二哥一样有才，但又比二哥更出色。而跟二哥感情的深厚，是否会导致内在心理上的一种冲突："超过他，但又不能超过太多？"

当然，笔者这里提的这种假设只能作为一种假设提一下，先存疑吧，因为我翻了关于他们兄弟二人的各种资料，暂时没有发现可以证明这一点的证据。

如果再联系大哥的年龄来看，问题就变得更有意思了。大哥长谭嗣同13岁，是在谭嗣同12岁的时候去世的，就是说，大哥活了差不多35岁。一家兄弟三人，年龄都在33岁周围打转，也不知道是出于什么奇怪的原因？难道有家族心理的影响？

二、家世与文化的影响因素分析

(一)家世的影响

笔者认为，一个人的家世会影响一个人的心理成长。比如，一个人的祖先，世代都是名门望族，跟一个人的祖先，世代都是奸臣佞相，显然前一种更容易让人产生荣耀感。不管有没有表现出来，这种影响作为一种心理上的感觉是会存在的。

(1)谭嗣同的二十世祖：谭启爽

宋末福建人，将领，在抵御元兵的战争中殉职。"宋末从主管殿前司苏刘义出师御元兵，水战不克，死之。"(旧谱云，与诸将并殉，谭嗣同注)

谭嗣同对他的赞美是："自迁福建之始祖，七传至府君，崛起单微，用节烈显，伟矣！"

(2)谭嗣同的十六世祖：谭渊

此人来头不小，《明史功臣世表》里就有他的章节。曾与张玉一起，破大将军耿炳文之军，斩首三万级。属于身材伟岸，"膂力过人，骁勇善战，引两石弓，射无不中"型。后在与平燕军队的战斗中被斩杀。

谭嗣同对他的赞美是："若夫君子之泽，九世未沬，国君死社稷，有明之天下，且与俱灵。以是始，以是终，而五等之封，乃足为世贵。赫赫然矣!"谭渊死后被追封崇安侯，修祠堂祀奉。谭嗣同的这句话里有两个通假字："沬"通"末"；"国"通"或"，连起来这句话的意思就很好懂了，不用再多解释。

（3）谭嗣同的十五世祖：谭忠

谭渊长子，跟随朱棣入京作战有功而受到封赏。以后连续领兵出征，"皆有功"，"入《功臣世表》"。顺便说一句，他的弟弟谭恕也因为征战积功而做到了一品大官，儿子谭源璟嗣封新宁伯，孙子谭荫裕嗣封新宁伯。

谭嗣同的赞词是："觥觥烈祖，启宇新宁；踏厉扬休，克都厥成；亦有介弟，扶翼专征；庞绪无绝，勋于券铭。"

（4）谭嗣同的十三世祖：谭荫祐

前边提到的谭源璟的儿子，接的他哥哥谭荫裕的爵位，为新宁伯。

官位做到太傅，历五朝，没有半点过失，去世的时候，士卒"五营哀恸，声震原野"。

（5）谭嗣同的十二世祖：谭宗纶

谭荫祐长子，官名谭纶。这个谭纶不是我们熟悉的那个抗倭名将，但是跟那个人同时代，比那个谭纶稍大。这个谭纶也很出色，幼年就气宇轩昂，忠劝励志。受封之后镇守湖广，九溪剿匪有功。以后世袭爵位，代代相传，直到明朝灭亡。

(6)谭嗣同的十世祖：谭国表

谭宗纶之孙。谭国表是胸有大志型，有感于祖上都因武功（这里说的是"文治武功"的"武功"，不是武侠里说的那种"武功"，笔者注）事业而显赫，自己也要发奋，继承前人之志。官做到保定参将。

顺带要再说一个人，谭国表的侄子谭懋武，此人体貌魁梧，勇力兼人，小时候读书读不进去，所以跟了谭国表练骑射：矢无虚发！！！后来被明英宗的侄子看上而得到提拔，功劳可能不少，做到了副总兵。

(7)谭嗣同的七世祖：谭世昌

父亲是长沙县学生（古代学生的招生对象是王公贵族子弟，笔者注），谭世昌继承家学，特别注重礼仪，专门立了一些家训来教育、启发后世子孙。家训共二十二则，诸如：一、孝顺父母；二、友爱兄弟；等等，每一则都配有详细的解释说明。

效果可能不错，他的孙子谭文章，曾孙谭经权，玄孙（清以后的史书上写的是"元孙"，因避讳康熙的"玄"，笔者注）谭日新，来孙谭继志、谭继谦，五世孙谭学淮，六世孙谭继雍，甚至可以再加上一个：七世孙谭嗣同，道德修养和文学成就都很高。

(8)谭嗣同的高祖：谭文明

隐士。学问很扎实，文采很好。贵为光禄大夫，却与夫人（获赠一品夫人，笔者注）隐居深山，快乐砍柴烧火做饭过日子。但谭家家谱失修近百年，却是在谭文明的督促下续修成的。

(9)谭嗣同的祖父：谭学琴

父亲谭经义教授于乡里，当时很有名。

谭学琴因为大哥是县吏，他经常去看望，帮忙，后来自己也成了县吏。生活上特别勤俭节约，食不兼味。谭学琴为官，市井无赖避而远之，乞丐倒是围着他团团转，他也都施舍。借钱给同族亲戚，从来不追讨。去世之前，当着孩子的面，把别人欠债的凭据一把火给烧了。夫人很气："就不考虑后人?"谭学琴说："吾了当不患贫。"

据说一次路过菜市场，屠夫正准备宰羊，羊溜掉了，跑到谭学琴面前，跪在地上哭，因此而得救。屠夫觉得这样狡猾，就更是坚决地要杀。谭学琴重金买下，不许杀，并且从此以后不食羊肉。

死后，皇帝下旨表他："乐善好施。"

(10)谭嗣同的四祖父：谭学新

年轻时是干体力活的，肩运煤炭。25岁突然发奋苦读，求知欲望特别强烈，别人笑话他他也不管。夜间读书困了，东倒西歪，有点把持不住，他就烧香自残一下，瞬间清醒过来，就又继续读书。

(11)谭嗣同的伯父：谭继升

生有奇表，处理事务的时候反应速度很快。

洪秀全兵犯长沙的时候，军民都很害怕，不知所措。谭继升让士卒在山岭上四处挂灯，整个山谷火光映天，然后又使劲击鼓。对方兵吓坏了，当晚就逃走了。

治礼乐局，买图书，讲经学，创会馆，修县志。他在的地方，官清民安，仓库充实。有一年发大水，他出资赈灾，河南山西灾民的温饱问题解决了，而他自己赈灾也没赈垮。

父亲去世的时候他十三(《海峤府君家传》，谭嗣同原文"三十"，有误。谭继升生于嘉庆二十一年，即公元1816年，父亲谭继洵生于1823年，谭继升长7岁。有记载祖父去世时谭继洵6岁，因此，

173

谭继升应为 13 岁。笔者注）岁，家庭的担子一下子落他头上，柴米油盐成问题。他从此弃学，变卖家产投身经营，扶弟弟读书，操办妹妹婚事，资助同族，资助孤苦贫寒之人……

［附说明：关于谭嗣同世祖的考证，史料是有记载的，不是随便推断的。诸如：谭宗纶"子功安"，而谭国表"考（父亲，笔者注）功安"，等等。］

笔者在这里详细列出谭嗣同家世背景里的这些资料和故事，为的是分析家世背景的影响在谭嗣同心灵成长过程中所起到的作用。

精神分析心理学认为，一个人的家世背景，对他/她的性格塑造是会有深层影响的。这种影响不是那么明显，不是那么显而易见，但它依然存在，而且影响会很深远。

中国的儒家文化显然也是认可这个东西的。正因为一个人的家世会影响到一个人，所以儒家才要尊敬祖先，弄家谱，让一个人知道自己的祖先，搞清楚自己的家世。

笔者认可家世对一个人成长的影响。因为我认为，首先，弄清楚一个人的家世，知道自己的来龙去脉，可以给自己一种踏实的感觉；另外，祖先的荣耀，往往也是自己的荣耀，即使不一定完全是，但也一定会影响到。跟人说"我爷爷岳飞"，和跟人说"我爷爷秦桧"，显然前一种情况更能带给人荣耀和自信的感觉。

爸爸妈妈以及兄弟姐妹，加起来形成的这样一个家庭环境，对一个人的心灵成长肯定会起到影响作用，这是很容易理解的，因为一个人不可能完全脱离家人而生来就独立成长——至少刚生下来的时候需要吃奶，需要人照顾，否则就没法生存，更谈不上什么成长了。

但是关于家庭环境对谭嗣同心理的影响，这里不再多谈，这个问题已经放到"童年生活史"的部分去讨论了。这里要展开讨论的是家世背景的影响。

笔者认为，家世背景对一个人的影响，就好像一种潜在的资源，并非一定会派上用场，也并非有什么样的资源就一定会培养出什么样的人才，而是说，它就是一些养料，在内心深层滋养着你，影响着你，需要的时候用得上。你的某一种养分多，那么你在这种成分上就有着比别人更多的先天优势。比如一个家族，从周天子的时代就一直是文人士大夫，且从来没断过，那么这个家族里的成员，在从事文人士大夫以及相关的行业方面，先天养分往往比一般人要充足。但也并不是说，这个家族里的成员都会去干这行。

那么，对于谭嗣同，他家族背景里的这种养分可能是什么呢？

从以上谭姓族人的特点，我们大致应该可以总结出以下共性：

第一，重大节，不畏死，务实，奋发向上，能富国强兵。而且多是国家栋梁之材，肩负国家民族兴亡之使命。

第二，善武，尚武，好武。这个特点历史太悠久，从最早的二十世祖就开始了，起家就起家于战场上的殉职。以后的诸位先祖也大多有好武或善用兵的特点。

第三，不失文才。这个历史短暂些，从七世祖才开始。之前先祖显贵都是靠武功，自此以后才在这个家族里注入了文才的养分。虽然短暂，特点却也很明显：文才也很出众，对整个家族的影响都非常大，名人辈出，成就很高。

读者也许还可以再总结出别的特点，笔者在这里只简单总结这三个，是因为我认为这三个明显对谭嗣同有影响，而且可以找到证据。

文才武才不用说了，谭嗣同身上显然有，而且表现得非常明显。

这里解释一下前一种特点的影响。在给谭启寰作传的时候，谭嗣同在文章里写了对他的赞词之后，紧跟着又赞了其他的谭姓祖先："财百年而崇安壮节侯（谭渊，笔者注）及弟楚川府君死夹河之战，又二百年而新宁伯弘业公死流寇之难。大节炳炳，前后相望，遂以武功著望于有明（明朝，笔者注）。二百余年间，位侯伯者九世十人。建幢节，握牙璋，忼慨奋兴于功名之会者，肩相翼而足相踵。青史勒于当年，英风扇乎来叶。入国朝，渐节零替，卒无有放辟邪侈，陷刑辟闵有司者。咸同之际，兵事孔亟，宗族子弟，执干戈效死（阵亡，笔者注）于四方十有二人……又乌知（哪里知道，笔者注）兴起之所自有如此哉！有如此哉！"（《谭嗣同全集》）

你可能不完全能读懂这几句话的意思，但是没有关系，因为你一定能从中感受到谭嗣同以这样的祖先为荣的那种态度，这就够了，这就是我想要说明的，前辈祖先的"大节"的影响，在谭嗣同身上的一种表现。表达的是对祖先的敬意，透露的其实也是自己的心声。

前边提到的，对谭渊、谭忠的赞词里也都有类似的态度。这也是一个说明。

笔者认为，以祖先为荣（谭嗣同选择给上边的这几位祖先作传，而没有去给别的祖先作传，我想也不完全是一个偶然，可以看出他对这几位祖先的认同），像世代祖先一样地务实，重大节，不畏生死，敢于担当国家民族兴亡之大任，这就是家世对谭嗣同性格塑造的影响，很明显，这些特点在谭嗣同身上是有的。在民族危亡的关头挺身而出，维新强国，这就是一种表现。而且谭嗣同骨子里也是一个特别务实，力图做到国富民强的人。在总结洋务运动没有使中国变强的原因时，谭嗣同就曾说过："实士君子引嫌自高，不屑务实事之过矣。"也正是出于这个原因，他才要倡办时务学堂、南学会、《湘报》以及延年会、群萌学会等，倡导开矿山、修铁路，宣传变法维新，推行新政。结果当然看起来没那么理想，但其实也未必，他开了湖南全省维新风气之先，开了湖南新学风气之先。他注重人才培养，认为"人才多而天下始有可为矣"，他的努力取得了一些成果：浏阳每年参加算学洋务的会试人数，在湖南各州县中推为第一。

（二）文化的影响

人格塑造过程中，比家世更深层的影响，是来自文化的影响。关于这一点，很多心理学大师其实都有这样的共识。

下边我们从思想和行为的表现上来分析谭嗣同受文化的影响。

（1）墨家的影响

思想方面，谭嗣同最著名的作品是《仁学》，《仁学》共两卷，五万多字，是谭嗣同去世之后，由友人梁启超整理在《清议报》上发表的。此书一发表就在学术界引起轰动，被认为是中国近代启蒙思想史上，振聋发聩的一部大著。

笔者在研读这部专著以前，想当然地认为它是一部儒学作品（我相信很多人都会这样认为），因为儒家学说的核心概念就是"仁"，而谭嗣同又是那么热衷于传统文化，对孔子这样的圣人推崇备至。

但在仔细研读之后，笔者却改变了看法，认为它不是儒学作品，它吸收了儒家仁学学说里的一些成分，糅合了墨家和佛家的中心思想，但却不是以儒家的仁学为主，而是以墨家和佛家的思想为主。事实上笔者认为，谭嗣同的"仁"的概念，与墨家"兼爱"的概念直接相通；而整本《仁学》作品，却是以佛家思想为主导。

先来看谭嗣同的"仁"的概念。谭嗣同对它的定义有 27 条，全文选用太占篇幅，所以这里只选其中几条说明问题：

> 1. 仁以通为第一义。3. 通之义，以"道通为一"为最浑括。4. 通有四义：中外通，多取其义于《春秋》，以太平世远近大小若一故也；上下通，男女内外通，多取其义于《易》，以阳下阴吉、阴下阳吝、《泰》《否》之类故也；人我通，多取其义于佛经，以"无人相，无我相"故也。7. 通之象为平等。8. 通则必尊灵魂；平等则体魄可为灵魂。10. 智慧生于仁。11. 仁为天地万物之源，故唯心，故唯识。13. 不生不灭仁之体。14. 不生与不灭平等，则生与灭平等，生灭与不生不灭亦平等。20. 参伍错综其对待，然后平等。21. 无对待，然后平等。22. 无无，然后平等。24. 平等者，致一之谓也。一则通矣，通则仁矣。

从这些定义里我们可以看出，谭嗣同所说的仁，是一种平等的仁。这跟儒家所说的仁是不一致的。儒家所说的仁，是一种不完全平等的仁，仁爱天下人，是像仁爱家人一样地仁爱天下人，是因为有爱，有一种带有亲疏关系的爱，用这样的爱来爱天下人。从根本上就跟儒家所说的仁不一致，所以笔者认为谭嗣同的思想不属于儒家。

从谭嗣同的定义我们还可以看出，它跟道家和小乘佛教关于世界本源的思想有很相似的地方。笔者认为它们的确有非常相似、非常一致的地方，但也略有不同。不同在对待平等这个问题的态度上。谭嗣同从"仁"的本体论，推出的是一种平等互通无差别的爱，而道家和小乘佛教对待平等的态度其实是很灵活的，道家和小乘佛教也承认平等的爱，但不是全部，不是以平等的爱为根本，老子并不认为世界从本源上说是平等互通的，所以要平等对待，老子没有说过这样的话。而小乘佛教甚至有"女转男身"一说，显然不是绝对平等的。跟大乘佛教就更不同了，大乘佛教已经超脱了这个所谓"不生不灭"的本体。

既不是儒家，也不是道家和佛家，那么最有可能的就是耶教（基督教）或者墨家。笔者认为，它都是，它是墨家精神，却也符合耶教的精神。

有资料表明，谭嗣同曾经很推崇耶稣的思想，梁启超在《谭嗣同传》里写道："当余与君之初相见也，极推崇耶氏兼爱之教，而不知有佛，不知有孔子。"（梁启超，《谭嗣同传》）

别的也还有一些资料，可以表明谭嗣同接触过基督教的思想和作品。余杰在文章里说谭嗣同 19 世纪 80 年代接触了《新约全书》，（余杰，《盗火者与殉难者——论谭嗣同思想体系及生命实践中的基督教因素》）这个结论应该是有可信度的，因为梁启超也说谭嗣同诗里用了《新约》里的词，而且缘由是："当时吾辈方沉醉于宗教，视数教主非我辈同类者，崇拜迷信之极，乃至相约以作诗非经典语不用。所谓经典语者，普指佛、孔、耶三教之经。故《新约》字面，络绎笔端焉。谭（谭嗣同，笔者注）、夏皆用'龙蛙'语，盖时共读约翰《默示录》，录中语荒诞曼衍。"

　　如果说谭嗣同推崇耶教还需要考证的话，那么他喜欢墨家则基本上可以直接作为事实使用，因为"好任侠，喜剑术"这句话太有名了，只要对谭嗣同稍有了解的人，大致上都会知道这句话。这句话是别人写他的。他自己有另外一句话，我们从中可以更明显直接地看出他内心对墨子思想的认同："吾自少壮，遍遭纲伦之厄，涵泳其苦，殆非生人所能任受，濒死累矣，而卒不死。由是益轻其生命，以为块然躯壳，除利人之外，复何足惜！深念高望，私怀墨子摩顶放踵之志矣。"

　　当然，认可、接触过、推崇、受到影响，这并不足以说明，他的"仁"就跟墨家和耶教有关系。这只能作为一个辅证。下面继续解释，为什么他的"仁"既是墨家精神，又符合耶教精神。

　　提到墨子的思想，我们一般都会想到两个词："兼爱""非攻"。这是墨子，也是整个墨家思想的核心。从心理体验上说，墨子"兼爱"的这种爱，就是一种平等的爱。这种爱比儒家所说的仁爱更深层，是超出了生物本能的一种爱。正因为超出了生物本能，所以很精神化，是一种平等爱天下人的大爱，没有亲疏分别之心。到了生物本能的层面，也就是儒家所说的仁爱的层面，才有亲疏分别之心。基于生物性的儒家层面的爱，理解不了墨家"兼爱"层面的大爱。

　　我相信谭嗣同说的"仁"，就是"兼爱"这个心灵层面上的，因为有人批评墨子"兼爱"的思想"乱亲疏之言"时，谭嗣同为墨子辩解道："墨子何尝乱亲疏哉！亲疏者，体魄乃有之。从而有之，则从而乱之。若失不生不灭之以太，通天地万物人我为一身，复何亲疏之有？亲疏且无，何况于乱？不达乎此，反诋墨学，彼乌知惟兼爱一语为能超出体魄之上而独任灵魂，墨学中之最合以太者也。不能超体魄而生亲疏，亲疏生分别。"这个辩解跟心理学上的解释完全一致，作者显然知道墨家兼爱的精神性，知道它超出了亲疏的层面，而且作者显然更认同墨家，承认兼爱跟自己"以太"的概念符合。

谭嗣同所说的"仁"，是墨家所说的"兼爱"的心灵层面上的仁，与"兼爱"相通，理解了这一点，回头再去看《仁学》，就整本书三分之一的内容都通了。少数地方不通，是《仁学》里的概念太庞杂的原因，排除概念术语本身的影响，内容上是通透了的。

跟墨家精神相通，为什么也符合基督教的精神呢？因为耶稣推崇的博爱本来就与墨家的兼爱颇为相似，这一点当代著名心理学家朱建军教授在《中国的人心与文化》里有很好的表述。中国传统文化里的墨家，是精神上与耶教最为接近的一支。这也正好可以解释，为什么谭嗣同那么"推崇耶氏兼爱之教"。

还剩三分之二的内容没通，原因留待后边"佛教"的部分解释。

前边说到理解了"仁"的概念，《仁学》内容就三分之一都通了，其实不止《仁学》，包括谭嗣同这个人，包括他的生活，就基本上三分之一都通了。因为谭嗣同的精神，是墨家精神；谭嗣同的胸怀，是墨家胸怀。

墨家精神体现在生活上会是一种什么样子呢？慷慨激昂，坚定刚毅，侠肝义胆，豪气干云，墨家的男儿，都是烈火男儿，如同熊熊燃烧的火焰，横空出世，他们"赴火蹈刃，死不旋踵"。这是早先比较纯正的墨家精神，后来墨家精神经过演化，出现了一些新的形式，比如游侠，他们胸怀宽广，豪迈阔达，遍游壮美河山，而又心系天下苍生，例子：李白；比如江湖好汉，他们"替天行道"，"路见不平拔刀相助"，例子：梁山好汉。

很容易看出，谭嗣同正好就是这样的胸怀，这样的生活风格。他从小"好任侠，善剑术"，12 岁起，到 29 岁，这 17 年间，他游遍了新疆、甘肃、陕西、河南、湖南、湖北、江苏、安徽、浙江等省，并且自己总结说"合数都八万余里，引而长之，堪绕地球一周"。据梁启超说，谭嗣同游历期间，是在"察视风土，物色豪杰"。（梁启超，《谭嗣同传》）

古代没有火车和飞机，所以墨家人物在四处游走，救济天下人的时候，其实蛮辛苦的。孟子有一个很有名的词"摩顶放踵"就是用来形容墨子的吃苦精神的。但他们有理想，"利天下为之"，只要对天下人有利，他们就去做，为了心中的这个理想，特别能吃苦耐劳，他们身上往往有一股坚定刚毅的豪迈劲。

谭嗣同也一样："嗣同弱娴技击，身手尚便，长弄弧矢，尤乐驰骋。往客河西，尝于隆冬朔雪，挟一骑兵，间道疾驰，凡七昼夜，行千六百里。岩谷阻深，都无人迹，载饥载渴，斧冰作糜。比达，髀肉狼藉，濡染裆。此同辈所目骇神战，而嗣同殊不觉。"坚毅刚强之劲可见得一斑，而且似乎不但不觉艰辛，还有点乐在其中。

也许是因为胸襟豪迈，性情奔放，墨家精神演化以后的游侠，往往喜欢投身于大自然的怀抱，游历山川，在与大自然的猛烈撞击中尽显情怀。对此谭嗣同自己也有一段记述："嗣同闲至军，皆橐鞬帛首以军礼见，设酒馔军乐，陈百戏。嗣同一不顾，独喜强云田并辔走山谷中，时私出近塞，遇西北风大作，沙石击人，如中强弩。明驼咿嚘，与鸣雁嗥狼互答。臂鹰腰弓矢，从百十健儿，与凹目凸鼻黄须雕题诸胡，大呼疾驰，争先逐猛兽。夜则支幕沙上，椎髻箕踞，掬黄羊血，杂血而咽，拨琵琶，引吭作秦声。或据服匿，群相饮博，欢呼达旦。"

畅饮也是墨侠豪情常见的一种体现。谭嗣同也喜欢这样的生活，在写给刘淞芙的一封信里有这样的记述："东游江海，中郎之橡竹常携；西极天山，景宗之恶鸥不释。飞土逐肉，掉鞅从禽。目营浩罕所屯，志驰伊吾以北。穿天泱溔，矢音敕勒之川；斗酒纵横，抵掌《游侠》之传。戊己校尉，椎牛相迎；河西少年，擎拳识面。"前边三句跟斗酒生活关系不大，但是很能体现游侠的生活特点，所以这里也一并引用。

墨家思想的核心是"兼爱""非攻"，因为兼爱天下人，平等地爱天下人，所以要保护弱者，保护弱势群体，保护他们不受攻击。

墨家的这种精神，以后在游侠，在江湖好汉身上都有所保留，所不同的是，越往后，越更多地依靠武力而不是智慧来"锄强扶弱"。人在江湖漂，哪能不挨刀。想要保护弱者，想要锄强扶弱，光有胸怀是不够的，必须练就一身真本领，所以墨家人物一般都是有真功夫的。

谭嗣同也不例外。《三湘体育人物志》记载他："少年时结识通臂猿胡七，习刀铜拳术。后从大刀王五学单刀，骑术，气功，深为其'锄强扶弱'的侠义行为所感动，练武以作济世本领。"

这个记载大致上应该是可靠的，梁启超在《饮冰室诗话》中也有这样一段话："王五为幽燕大侠，以保镖为业，其势范围，北及山海关，南及清江蒲，生平以锄强扶弱为事，浏阳（谭嗣同）少年，尝从之受剑术，以道义相期许。"

关于谭嗣同的习武生活，《嗣同公生平事迹补遗》中也有一段记载："七爷（谭嗣同，笔者注）在京时，王五每天早上天刚破晓就来到会馆教七爷练剑法。有一次，他俩刀光剑影，打在一团。忽地，戛然而止，只见王五抱拳拱手说，七爷，受惊了。看样子大概他们师徒俩是在比试比试哩。"

从别人的回忆材料来看，谭嗣同功夫的水平可能还不低："他于文事之暇，喜欢技击，会骑马，会舞剑。我曾看见他蹲在地上，叫两个人紧握他的辫根，一翻身站起来，那两个人都跌一跤。"

俗话说"物以类聚，人以群分"，这句话的科学性有多少，我们不得而知，但是从一个人结交的朋友，一定程度上也能反映一个人的某些性格侧面，这一点，我想，一般人还是能接受的。

谭嗣同英勇就义之后，王五抱着谭嗣同的尸体，悲痛欲绝——须知，这是要冒生命危险的事情。而且有一种说法，谭嗣同死后，是王五亲送他的灵车，回湖南安葬。李敖在《北京法源寺》第十三章里写，王五后来参加了援救光绪皇帝的行动，只是不知出于什么原因被义和团追杀，死于非命，而援救光绪皇帝的这一行动，正是谭嗣同生前嘱托王五代为执行的。其可靠程度，不得而知。

总之，谭嗣同生前结交过一些侠义之士，从这些侠义之士的身上，我们可以看出一点点谭嗣同性格的影子，这一点是可以肯定的。这在心理学上有个术语叫"认同"，人往往容易认同那些性格、胸怀跟自己相近或类似的人，因此才特别容易结交。所以看跟谭嗣同深交的人，一定程度上也是在看他。

最后需要补充一点的，是谭嗣同的诗词。带有墨家精神特点的诗词，其风格特征往往非常明显，那种豪迈，那种阔达，那种以天下苍生为己念的胸怀，那种把生死置之度外的风骨……谭嗣同的诗词，这种风格特别明显，例子实在太多，这里随便举几首比较著名的，用作例证：

江汉夜滔滔，严城片月高。声随风咽鼓，泪杂酒沾袍。思妇劳人怨，长歌短剑豪。壮怀消不尽，马首向临洮。

破天一声挥大斧，干断柯折皮骨腐，纵作良材遇已苦。遇已苦，呜咽哀鸣莽终古！

世间无物抵春愁，合向苍冥一哭休。四万万人齐下泪，天涯何处是神州！

望门投止思张俭，忍死须臾待杜根。我自横刀向天笑，去留肝胆两昆仑。

至此，本部分已经大致分析了谭嗣同身上的墨家精神因素，下面分析佛家。

（2）佛家的影响

前边分析谭嗣同的墨家思想成分时提到，理解了"仁"的定义，《仁学》内容的三分之一就都通了，还有三分之二没通，为什么？

这得从《仁学》整本书的内容说起，《仁学》整本书讲了什么？作者究竟想说什么？写作动机是什么？

《仁学》一共50章，前14章主要是跟"仁"的定义有关的内容，探

谭嗣同著《仁学》封面

讨世界的本源。作者认为世界的根本是仁，"天地间亦仁而已矣"。世界从根本上说是相通的，没有分别，无所谓有无，无所谓生灭。

第15章紧跟着论述了一个道理，"不生不灭乌乎出"，不生不灭的话，世界是从哪儿生出的呢？作者的回答是："出于微生灭"。第16、17章讲述了一个佛家道理：我们之所以知道有今天，是相比过去和明天而言的，实际上"一多相容""三世一时"。

第18章是一个转折，"反乎逝而观，则名之曰'日新'"，所谓昨天、今天、明天，本源上说并无所谓消逝不消逝，但反过来说呢，又时时都是新的，时时刻刻都是更新变化的，四季寒暑，花草木石，日月天地，三界万法，无不时时刻刻更新交替。

第19章紧接着讨论了日新的根本是什么，作者认为，日新是宇宙本体上最根本的动机，雷鸣电闪、风雨交作，无不是本源上的一个动机而已。世界从根本动机上就是日新月异的。

第27章列举了佛教、孔教、耶教三教问世时对过去教理的改革工作，说明了一个道理，各教不同，但在变化改革这一点上却是相同的，已经不再适应现在的教理都得改。改的方式有不同，但有一点是相同的：最后改的结果，都是归于平等，人人独立自主，人人自由平等。

第28章紧接第27章，继续说明了一个道理，各教教主圣贤之所以要采取变革，也是身不由己，顺时势而已。

第29章谈论中国的时政，作者认为中国的政治学说，两千年来就没有变过。第35章痛陈了中国因守旧而落后的一个现状。

第37、38章分析了祸害中国人的文化因素，作者认为是三纲五常，"君臣之祸亟，而父子、夫妇之伦遂各以名势相制为当然矣。

此皆三纲之名之为害也"。三纲五常不变，中国人的变化无从谈起。"今中外皆侈谈变法，而五伦不变，则举凡至理要道，悉无从起点，又况于三纲哉！"

第 44 章作者用很大篇幅探讨了中国的强国之策，其根本是自强，是"求诸己"。不求自强，则被人欺负也是应该的。

第 49 章探讨了应该先度（佛家所说的救度，笔者注）自己还是先度别人的问题，作者认为实际上不存在这个问题，我们之所以被这个问题纠缠，是自己和别人太过分明的缘故，如果明了了一个道理，人外无己，己外无人，那么"度人即是度己，度己即是度人"。

第 50 章说的是一个终极性的问题："众生度得尽否？当在何时度尽？"其结论是"时时度尽，时时度不尽"。

从这样的一个内容安排，我们很容易看出，《仁学》是有非常强的内在逻辑性的。先探讨了世界的本源，世界从本源上说是不生不灭的，但同时又是日新月异的，是随时更新变化的；然后谈论了革新变化对时势的顺应性；之后谈论中国因循守旧导致的衰落，讨论自救的办法；然后讨论救度全世界，救度全人类的问题，这就是它的内在逻辑。

显然，"仁"的定义，探讨世界的本源，不会是本书的主旨。它只占了全书内容的一个挺小的比例。笔者粗略估算，它大概占的比例也就三分之一左右。更大比例的内容，作者放在时政，救度众生的问题上了。我想，这才是本书的主旨，这才是作者主要要做的事情。

所占比例更大的这块内容，显然不是出自墨家思想，有受墨家思想影响的表现，比如，作者特别强调人的独立自主性，强调人生而有自由平等的权益，但这只是一种理想，一个目标，要做到独立自主、自由平等，靠的不是想象，不是信仰，是要在病弊久积的国度里求自强，是要在众生度不尽的世界里救度众生，永无休止。

熟悉佛家思想的人很容易看出来，这是典型的佛家思想的体现，而且是大乘佛家思想的体现。那种不脱离现世，那种身处繁世而不回避，于现世中救国求自强，发愿救度一切众生，认为"佛外无众生，众生之外无佛"（《仁学》第 50 章，笔者注）的思想，显然出自大乘佛家。

《仁学》关于世界本源的思想，是墨家思想；但《仁学》的主体内容：救度世人的思想，却是佛家思想。理解了这一点，可以说，整本《仁学》的内容就通了。

事实上，要说谭嗣同的思想深受大乘佛法影响，也并非空穴来风，他在生活中直接接触过佛教，并且受其影响极其深刻，在生活上，从修习、领悟方面可以看出。

笔者愿意相信，一个人性格的文化归属，其倾向性很大程度上是先天的，有的人生来就特别有佛性，这种倾向你在他出生以后的个人生活史里是很难找到原因，很难解释清楚为什么的。

比如谭嗣同，我们在前文里引用过他的一段话："吾自少壮，遍遭纲伦之厄，涵泳其苦，殆非生人所能任受，濒死累矣，而卒不死。由是益轻其生命，以为块然躯壳，除利人之外，复何足惜！深念高望，私怀墨子摩顶放踵之志矣"，当时是用来证明他内心对墨家精神的认同，但同时，这句话也体现了一种深层的佛家精神：从自己深受的生命之苦中获得解脱，完全地利人利他利世，除此而外自己的生命和身体丝毫没有什么可以值得珍惜的。

为什么会这样？为什么谭嗣同从自己的痛苦中悟到的是轻生利人而不是别的？笔者倾向于认为这是天性，谭嗣同天性如此，天生就有这样的倾向，他生来就是这样一个人而已。除此而外，笔者找不到别的解释，相信读者朋友你也很难在他的个人生活史里找到原因。

关于谭嗣同的佛性，一位居士在网上发表了一篇文章，《佛学彗星谭嗣同》，称谭嗣同是中国历史上两个佛学彗星之一："在中国历史上，有两个人被誉为'佛学彗星'的，一个是东晋时期鸠摩罗什的弟子僧肇，他只活了三十岁，却留下了一部佛学经典之作《肇论》，奠定其在佛教史上不可撼动的地位；另一位是晚清的谭嗣同，他活了三十三岁，但却赋佛学予现代的精神，如果说僧肇是'理论佛学'，那么谭嗣同却为现代人开拓了'应用佛学'的领域，将佛法精神贯注于现实社会，使大乘佛教走出深深锁居的围墙，重现其刚健雄猛的精神。"（佚名，《佛学彗星谭嗣同》）这种说法，似乎有些夸张，但却绝对不是完全没有事实根据的。

谭嗣同接触佛教的时间不算早，按照他自己的说法，他有过两个佛教导师，一个是吴嘉瑞吴先生，一个是杨文会杨先生（《金陵听说法诗》序中说："吴雁舟先生嘉瑞为余学佛第一导师，杨仁山先生文会为第二导师，乃大会于金陵，说甚深微妙之义，得未曾有。"《谭嗣同与佛教》），真正在佛学上对他影响特别深远的，是杨先生，而与杨先生结缘，是在 1896 年，谭嗣同 31 岁的时候，离他去世大概还有两年时间。

然后自从结缘杨先生以来，谭嗣同在佛学上真可谓是勇猛精进，梁启超有一段描述谭嗣同学术精进的话："余之识烈士，虽仅三年，然此三年之中，学问、言论、行事，无所不与共。其于学也，无所不言，无所不契。每共居，则促膝对坐一榻中，往复上下，穷天人之奥，或彻数日夜，废寝食，论不休。每十日不相见，则论事、论学之书盈一箧。"而此时谭嗣同的论学论事，正是以佛学为主，用佛学统领以往所学，后来写了《仁学》一书。

不仅仅是学理的探究上勇猛精进，修行方面的精进程度只有过之而无不及。反映谭嗣同佛学精进的材料非常多，这里只简单列一下他发愿的几次经历，读者朋友便可以从中窥得一斑。

"然念天下可悲者大矣，此行何足论？且安知不为益乎？遂发一宏愿：愿遍见世间多闻之士，虚心受教，挹取彼次自鉴观；又愿多见多闻世间种种异人异事异物，以自鉴观。"

"又自念幸生丰厚，不被止苦，有何优游，颜之厚矣！遂复发大心：誓拯同类，极于力所可至。"

"在京晤诸讲佛学者，如吴雁舟，如夏穗卿，如吴小村父子，与语辄有微契。又晤耶稣教中人，宗旨亦甚相合。五大洲人，其心皆如一辙，此亦一奇也。于是重发大愿，昼夜精持佛咒，不少间断：一愿老亲康健，家人平安；二愿师友平安；三知大劫将临，愿众生减免杀戮死亡。"

这几次发愿，大致上可以反映谭嗣同心理的几次成长和变化，从一个博学多闻的谭嗣同，转变成了一个慈悲善念的谭嗣同，从一个理想远大的谭嗣同，转变了一个悲悯亲友众生的谭嗣同，我觉得，这是一个人心理成长进步的表现，勇猛精进之力丝毫未减，相反，倒说明他更实际了，更会用心力了。

谭嗣同的勇猛精进，他自己应该是知道的，不但知道勇猛精进，而且可能知道自己勇猛精进的原因："独嗣同无所皈依，殆过去生中，发此宏愿，一到人间，空无依倚之境，然后乃得坚强自植，勇猛精进耳。"

谭嗣同对佛学的修习和领悟，并不仅仅表现在访学论学上，有证据表明，他的实修方面也一定很是用过功的。

《仁学》第 45 章有一段关于脑气的详细描述："吾每于静中自观，见脑气之动，其色甚白，其光灿烂，其微如丝，其体纡曲缭绕，其动法长短多寡有无屡变不定，而疾速不可名言，如云中之电，无几微之不肖，信乎脑即电也。吾初意以为无法之动，继乃知不然。当其万念澄澈，静伏而不可见，偶萌一念，电象即呈，念念不息，其动不止，易为他念，动亦大异。愈念愈异，积之至繁，即又淆浊不复成象矣。于其异念则异动，因知动法皆摹拟乎念，某念即某式，某念变某式，必为有法之动，且有一定之比例。"显然，没有亲自修过的人是不可能知道的。

《仁学》103 页谭嗣同谈论了密宗念咒的修炼方法；《仁学》第 43 章描述了心力大的人是什么样子；《仁学》第 19 章谈论了善学佛者的刚猛，等等，这些东西都不是随便可以谈论的。尤其"夫心力最大者，无不可为。惟其大也，又适以召阻险"。"勇猛、大无畏，故夫善学佛者，未有不震动奋厉而雄强刚猛者也"这样的话，没有用过一定功夫的人是说不出来的。

如果仅仅是在修习和领悟方面用功，实际生活中没有任何作为，那基本上就违背大乘佛教的精神了，更谈不上什么"佛学彗星"的称号。谭嗣同不是这样的人。下面叙述谭嗣同生活实践中佛家精神的体现。

谭嗣同绝对不是坐在家里谈学论道的一派，谈学论道只是他生命中挺小的一个部分，他生命的更大的组成部分，是经世济国。

前边提过《仁学》的根本思想之一，就是这个世界是日新月异的，世界处在永无休止的变化更替中，没有开始，也没有结束。这种思想反映在现实中，就是过去圣贤的教理，已经未必适应现在的情况，需要变革，彻底地变革。《仁学》写作的目的之一，就是要"冲决利禄之网罗，次冲决俗学若考据、若词章之网罗，次冲决全球群学之网罗，次冲决君主之网罗，次冲决伦常之网罗，次冲决天之网罗，次冲决全球群教之网罗，终将冲决佛法之网罗。"表现在现实中，就是彻头彻尾的改革精神。谭嗣同先后办起了群萌学会、算学社、致用学堂、时务学堂、武备学堂，设立了南学会；发表文章支持发电厂和电灯的使用，支持铁路取道湖南；筹办不缠足会；提倡实行印花税……

以上简单罗列了一些谭嗣同变法思想的体现——改革实践，其中一些读者可能不是很熟悉，不知道谭嗣同曾经做过这样一些事情。下边列举一个材料，是大多数读者都非常熟悉的——戊戌变法的变法内容。谭嗣同是主张变法的最著名的人物之一，所以这些变法内容基本上都跟他，跟他的心理，跟他这个人脱离不了关系。可以说，这些变法措施，是他内心改革动力的一种具体体现。

变法内容具体包括：教育改革。举办京师大学堂，所有书院、祠庙、义学、社学一律改为兼习中西学的学堂；各省会设高等学堂，郡城设中等学堂，州县设小学鼓励私人开办学堂，设立翻译、医学、农务、商学、路、矿、茶务、蚕桑速成学堂；派皇族宗室出国游历，挑选学生到日本游学，废八股、乡会试及生童岁、科考试，改考历史、政治、时务及"四书""五经"，以及定期举行经济特科，设译书局颁发著书及发明给奖章程，保荐格致人才。经济建设。设铁路矿务总局、农工商总局，并在各省设分局；广泛开设农会，刊印农报，购买农具，订立奖励学艺、农业程序，编译外国农学书籍，采用中西各法切实开垦；颁发制器及振兴工艺给奖章程；在各地设立工厂；在各省设商务局、商会，保护商务，推广口岸商埠；开放八旗经商的禁令，各旗学习士农工商自谋生计。军事。改用西洋军事训练；遣散老弱残兵，削减军饷须支，实行团练，裁减绿营，举办民兵；颁发兴造枪炮特赏章程；筹设武备大学堂；武科停试弓箭骑剑，改试学科。政治。裁减冗员；设置京卿学士，以集思广益；准许地方官与士民上书；改上海《时务报》为官报，创设京师报馆；开放新闻自由；按月分类列名每年收支。康有为还有好些未发表的新政，如尊孔圣为国教，立教部、教会，以孔子纪年，制定宪法，开国会，军民合治，满汉平等，皇帝亲自统率陆海军，改年号为"维新"，断发易服，迁都上海等。根据康有为所讲，自军民合治以下的新政都得到了光绪的同意。

笔者第一次读《仁学》的时候，有一个特别的感触：原来谭嗣同是如此才华横溢，而我过去一点儿都不知道，还以为他就是一个什么所谓资产阶级改良派呢！

相信很多读者都会跟我有类似的一种印象：关于谭嗣同此人，并不知道他有啥文才，但却基本上知道他主张的变法。

笔者认为，这个现象并不是偶然的，这正好是他身上真正的大乘佛教精神的体现。一个真正具有大乘佛教精神的人，一定不会是待在家里谈佛论道的，他/她会具有一种刚健勇猛的精神，身处窘境而不退缩，挺身而出，改造世界，度化世人。他们思想上有着很高尚、很单纯、很深奥也很玄妙的一面，但在现实生活里，他们却在积极地做着那些看似并不高尚，却始终符合天理人心，始终不脱离生活，非常具有现实意义的事情。国家积弱不振，他们就富国强兵求自救；人心不轨，他们就改造人心授以正道。

我觉得可以这么说，真正的大乘佛教的精神，是体现在实际行动上的，不是体现在思想著作里的。所以我们在看典型的大乘佛教精神的代表人物的时候会发现，他们的行动力远远超过了写作动力，他们都是优秀的社会实践派而不是学院派。而我们在看待一个人是否真正具有大乘佛教精神的时候，也是看他的生活比看他的作品更有说服力得多。他的生活，他的行动会在无形中透露一种精神，一种无意识的心理动力。

笔者认为，谭嗣同就是这样的一个人。他的生活，尤其是在接触了佛教以后的生活，时时刻刻，无处不在体现着一种勇猛精进，刚健雄猛的精神，这就是前边提到的那位居士所说的，谭嗣同身上的"应用佛学"的精神，"将佛法精神贯注于现实社会，使大乘佛教走出深深锁居的围墙，重现其刚健雄猛"的精神。

所有的实际行动中，最有说服力的应该是牺牲。我们知道谭嗣同最后为变法牺牲了。

因为这个需要的勇气最大。跟所有变法实践中所要经受的考验相比，这个都是最大的考验。它关乎生命。

谭嗣同的死是一个引起很多人关注的话题，相关讨论很多，比如，他究竟为什么而死，他的死是否值得，等等。

心理学上关注的不是他现实层面的死因，而是他的死背后的心理动力，是一种什么样的力量让他最终选择牺牲？

有一种说法是死君，为国君而死，这位圣君对自己有知遇之恩，对他以死相报也是值得的。

我觉得这种说法是首先可以排除的。死君跟他这样的人格特点特别不符。国君说到底只是一个人，跟他人一样平等的一个人，绝对没有一个人要为了另外一个人去死的道理。

"死君"不符合，"死事"倒是很符合。他自己有过一段论述："生民之初，本无所谓君臣，则皆民也。民不能相治，亦不暇治，于是共举一民为君……夫曰共举之，则因有民而后有君；君末也，民本也。天下无有因末而累及本者，亦岂可因君而累及民哉？……君亦一民也，且较之寻常之民而更为末也。民之于民，无相为死之理；本之与末，更无相为死之理。然则古之死节者，乃皆不然乎？请为一大言所之曰：'止有死事的道理，决无死君的道理。'"（《仁学》72页）这段话跟他的性格特点是非常符合的。

心系天下，特别具有大乘佛教精神的人，是可以将个人生死置之度外的，他们的内心有一种理，是天理，超乎于个人需求，超乎于个人生死之外的一种理，他们追求的是这种理，为了天理，个人的一切都可以牺牲。这是一种"大无畏"的精神，所谓"大仁之极，而大勇生焉"。（《仁学》2页）

而前边已经做了论述，谭嗣同身上很明显是具有大乘佛教精神的，非常深层的大乘佛教的精神。所以按照这种理解，按照大乘佛教的精神特点，他"死事"是完全能说通的。而且有资料表明，谭嗣同自己也早就有了这样的愿望，"烈士（谭嗣同，笔者注）发为众生流血之大愿也久矣。"（《仁学》3页）牺牲之前烈士留下的一句话，也能反映"死事"的这种精神特点："各国变法，无不从流血而成，今中国未闻有因变法而流血者，此国之所以不昌也。有之，请自嗣同始。"(梁启超，《谭嗣同传》)

这样的死是没法用值不值来做判断的，值不值就这样了，他心存天理，为自己心中认定的东西牺牲了，这就是他的生命，这就是他的生命的意义所在。所以值与不值的问题，这里就不讨论了。

总之他死了。他最后用他的死证明了这个世界上有一种精神力量的存在。这种精神力量是伟大的，它普遍存在于人的内心而又只有少数人能跟它生活在一起。能跟它生活在一起的人，也是伟大的。

我觉得，单是因为这种伟大的精神力量，我们也应该记住谭嗣同这个名字。

三、生活史以外部分的小结

到这里，我们已经对谭嗣同个人生活史以外的心理的影响因素做了一个简单分析。其结论归纳起来，他多少受到一些家世的影响，深受墨家和佛家，尤其是佛家的精神影响。我觉得可以这么说，文化方面，谭嗣同这个人，他的胸怀是墨家的胸怀，但他的根性，却是佛家的根性，而且是大乘佛教的根性。

谭嗣同中年照片

196

笔者在做谭嗣同的照片解读时，还对中年照片做了另外一份调查，结果如下表(表2)：

表2　谭嗣同中年时期照片描述调查结果

形容词	频率	形容词	频率	形容词	频率	形容词	频率
憋屈	1	刚毅	1	利落	1	坚定	1
苦大仇深	1	坚强	1	坦率	1	猥琐	1
义愤填膺	1	乐观	1	冷硬	1	内向	1
倔强	2	坚毅	2	沉稳	1	自我	1
英勇	1	爽快	1	无所畏惧	1	自傲	1
踌躇	1	智慧	1	冷酷	5	傲慢	1
正直	2	冷峻	1	不近人情	1	干练	1
心事重重	1	傲气	1	自负	1	自我牺牲	1
踏实	1	愤世嫉俗	1	胸有成竹	1	激进	1
厚重	1	邪恶	1	深沉	1	黑暗	1
无奈	2	霸气	1	睿智	1	正义	1
奸	1	凶残	1	无情	1	严肃	1
扭曲	1	儒雅	1	矫情	1	深邃	1

把表2跟表1做一个对比，我们会发现有一类型的词汇明显变多了：正直、义愤填膺、英勇、乐观、爽快、正义、激进……

笔者认为，这样的一种变化是符合谭嗣同内心的成长变化过程的，两张照片所代表的不同形象，典型地反映了这个人内在心理的一个变化过程，可以看作他个人心路历程的一个简写。

小的时候，内心孤苦；以后，孤苦的特征并没有完全消失，但是新的特征也出现了，而且非常明显：豪迈、激进。

　　这样一个变化过程，从心理分析的角度正好可以得到很好的解释。童年心理发展形成了一个核心的特征：孤苦，这个问题没有得到很好的处理，一直保留。

　　谭嗣同自己的解决办法，是从这种"孤孽"之苦中得到领悟，认为人的"块然躯壳"，"除利人之外，复何足惜"，做过深层心理分析和体验的咨询师应该清楚，这不是一个很彻底的处理办法。这样的处理，并没有彻底解决"孤苦"这个问题，只是采用了一种更深层的压抑，把问题藏得更深，同时，借用更强的"利人"的一股力量，使问题暂时得到克服。按照心理动力学的方法，更彻底的处理其实应该先弄清楚"孤苦"的来由，弄清楚来龙去脉之后，会对问题有一个更深的领悟，是更深层的自知，这时候才算比较彻底。

　　"孤苦"的问题保留着，新的影响也在不断出现，影响最深的就是墨家和佛家的精神力量。这是两股健康而又充满正义的力量，这样的力量，当然会让人活得豪迈而又充满正气！

　　问题没能解决，让人遗憾；伟大的精神力量却又让人倍感振奋。谭嗣同这个人，谭嗣同这个人的精神力量，就是这样的复杂。

　　也许正是这样的复杂和不完美，成就了谭嗣同独具一格的人格魅力，光芒和瑕疵永存……

　　仅以此作为本文的总结。

（郑玉虎）

才知道吴佩孚

最近读书，看到一些以前不知道的吴佩孚的事情。

也是历史学家早都知道的事情，只不过我以前不知道而已。我以前只知道吴佩孚是个军阀，镇压过二七大罢工，杀害过林祥谦、施洋大律师，还有就是参加过军阀之间的一些混战。

最近读书，知道了更多吴佩孚的事情，他的形象才在我心中鲜明了起来。

让我有兴趣的事情是吴佩孚出生的传说。据说在吴佩孚出生的那一天，他的父亲梦见明代抗倭名将戚继光来到了

吴佩孚

他们家。他的父亲极其兴奋而又感到荣耀。醒来正好是孩子出生，于是他的父亲就把戚继光的字"佩玉"两个字中的"佩"字，作为吴佩孚的名字中的第一字，把"玉"字放在吴佩孚的字"子玉"中。他的父亲相信，吴佩孚是戚继光转世。

由此引出了一个很有趣的佚事：曹锟是吴佩孚的拜把子哥哥，当时也是吴佩孚的上司。有次听说了吴佩孚是戚继光转世的传言，

199

大为激动，在吴佩孚身前倒头便拜。吴佩孚也毫不客气，坦然受之。曹锟拜完了感觉不对，忙对吴佩孚说："我拜的是戚继光，可不是拜你。"听了这个故事，颇觉得这两个人都很性情，吴佩孚大气不拘，曹锟爽直可爱。

转世真假姑且不论——吴佩孚生于山东蓬莱，这也是戚继光的故乡。所以，相信转世的，可以说戚继光的英灵在故乡投胎很合理；不相信转世的，会说吴佩孚的父亲因为熟悉戚继光敬重戚继光，所以会做那个梦，代表的是他对自己子女的期望——但我在别的文章中也写到过，当一个人自认是谁的转世时，在心理上他实际上形成了对那个人的认同。这对此人的性格发展影响很大，会让他——即使不是那个人转世——也真的会有些像那个人的地方。民国的薛岳的出生也有类似的情况，他的父亲相信他是岳飞转世，于是起名字时，就单名一个"岳"字。结果薛岳立志要做名将，后来也果然成为一代名将。在抗日战争中，三次长沙会战，开创天炉战法，最终大败日军，战绩斐然。父亲的这个梦，对吴佩孚的性格，也一样影响巨大。

也许正是因为自认是戚继光的后身，吴佩孚对"忠义"二字，可以说是刻骨铭心。对外国侵略，可以说是深恶痛绝。他提出三不主义，其一就是终生不入租界。而且对忠义，对爱国，他也都是身体力行。

吴佩孚当权时，五四运动发生，学生们起而抗议和外国的不平等协议。吴佩孚积极支持五四运动，是爱国的表现。

吴佩孚失去权力后，当他听说张学良不战而失去东三省，便以父执的身份责备张学良："小六子你对国不忠，对家不孝。"对国不

忠，是责备张学良以方面大员的身份，不战而退；对家不孝，是责
备张学良不报父亲被日本人炸死之仇。他责问张学良为什么不战而
退，张学良回答说，"实力不够"。吴佩孚慨然说"我没有来，你实
力不够；现在我来了，实力就够了；你把兵给我，我把东三省打回
来，原封不动交给你"。张学良当然没有同意，我想他可能会怀疑
真的那样做了，吴佩孚不会把兵权交回来。但我看当时的情景，看
历史中吴佩孚的为人，坚信那是吴佩孚的真实想法，而绝不是想要
占张学良的便宜。吴佩孚受不了的，就是倭寇猖獗。

日本人拉拢吴佩孚，提出白送给他10万支枪，10万大洋，100
挺机枪，助他东山再起。吴佩孚断然拒绝。

日本侵略时，吴佩孚住在日本人控制区。日本人一次次试图拉
吴佩孚，先是利诱，不仅提出让吴佩孚任华北政府的首脑，更答应
北京完全给他管理，日本撤出驻军。吴佩孚不答应。日本人派汉奸
来说服他，吴佩孚让他去看自己屋子里的关羽和岳飞的画像。日本
人再威胁，说"我不敢保证日本下层军官会不会伤害你"，吴佩孚直
接把来人带到另一间房子里，让他看屋子里的一口棺材，一个自己
的牌位——意思是，我已经做好了死的准备。

日本人对外公布，说吴佩孚将军要开新闻发布会，和日本合
作，并准备了讲稿，想造成既定事实。吴佩孚去会上，讲到："惟
'平'乃能'和'，'和'必基于'平'。本人认为，中日和平，唯有三个
先决条件：一、日本无条件自华北撤兵，二、中华民国应保持领土
和主权之完整，三、日本应以重庆（国民政府）为全面议和交涉对
手。"有人示意他有讲稿，吴佩孚拿起讲稿，二话不说撕成碎片。

正如孟子所说的大丈夫"富贵不能淫，贫贱不能移，威武不能

屈"，吴佩孚这样的英雄气概，真的和戚继光不相上下了。

后来才知道，二七大罢工，吴佩孚之所以和他本来关系还好的朋友施洋翻脸，也是因为他相信罢工是受到俄国人的指使，激起了他的民族主义义愤。

最后吴佩孚之死，是因他牙病高烧。日本医生强行来治疗，手术刀一下，血流如注。我相信这不是医疗事故，而是日本人威胁利诱无效，于是用这个方法害死了吴佩孚将军。吴将军虽然没有机会像戚继光一样打破倭寇，但是他的做法，也绝对没有辱没了戚继光的名字。

当然，如果把这些都归结为一个转世传说，或者一个名字里的"佩"字和"玉"字，也是不对的。他受到的传统文化的教育，都在他身上起着作用。但转世传说带来的认同作用，至少也是一个重要的影响因素。我想吴佩孚在大义凛然地拒绝日本的威胁利诱时，心中一定有戚继光那个意象在起作用，不辱戚继光的名字，这个念头也一定为他的大义增添了一点力量吧。

不管我们的父母是不是做过什么梦，也不管我们是不是谁的转世，我们都是一个伟大的文明的继承者。我们如能坚守孟子、岳飞、戚继光等人所坚守的道义，我们也可以给后人留下一个伟大的榜样，让后人愿意相信，他是我们的转世。

永恒少年张学良

虽然张学良很年轻就离开了政坛，但依旧可以说，近代中国的国运相当大程度上受到了张学良性格的影响。东北易帜，使中国得到了基本的统一。"九一八"的不抵抗，促使日本人更有勇气去侵略中国。西安事变，使国共两党的力量对比发生了巨变，成为第二次世界大战后内战结局的远因。在历史的关键点上，张学良做出的决定总是不同常人。从而给中国近代史带来了很大的变数。

张学良

张学良的很多行为，从政治军事逻辑上看，都很奇怪。其中"九一八"的不抵抗最是奇怪。

当时日本关东军一直在找借口挑起事端，因此张学良和中央政府一样，都希望不能让日本人得到借口，所以要求士兵在遇到日本人寻衅捣乱的时候，不要抵抗。这样做是不是好，虽然见仁见智，但是至少还可以理解。

但几百日军攻占了东北军上万人据守的北大营，日本军界喜出望外、野心高度膨胀，进而占领整个东三省的时候，张学良继续不抵抗就完全不可以以常理理解了。

有人说，张学良不抵抗是服从蒋介石的命令，这种说法张学良自己已经否定。历史记录也表明"九一八"当天蒋介石根本不知道这个事变。而且，在事变之后日本人大举侵略东北时，中央政府和蒋介石多次命令和劝告张学良守住锦州，但是张学良却一枪不放地让出包括锦州在内的整个东北。

有种说法是，张学良实力太弱，完全无力抗战。这种说法也不符合事实。日本关东军当时不到2万人，而张学良军队的数量是对方的10倍。而且东北军有受到德国军事训练的部队，全套的德式装备非常好。东北军有飞机、有坦克（比中央军还多），也有海军。当时日本关东军是私自开战，资源较匮乏，打不起大规模持久战。如果张学良强烈反击，日本国内主和派就会占上风，日本未必会全面侵入东北。

当然，从保存实力的方面，也可以说打仗总归会损失实力。不抵抗就完全不会损失实力。但是，东三省难道不是东北军的生存基础？有超过百万平方公里的肥沃土地，有兵源也可以养兵，有很强的工业基础，有兵工厂。失去了这些，客居在别人的地盘，无钱养兵，哪还有什么实力能保存下来？所以即使从一个军阀的角度看，失去东北就是失去了根基。

东北马占山的实力远远不可能和张学良相提并论，但是也抗战了；东北抗联不过是少数散兵游勇，也抗战了。所以张学良怎么可能实力不够呢？虽然实力不足以保证胜利，但也未必失败，至少有可能保住部分地盘。

从个人角度，不可思议的是，张学良的父亲死于日本人之手，且不说为父亲报仇，他撤出东北时连父亲的灵柩都不管了。吴佩孚后来只身去见张学良，痛责他"于国不忠，于家不孝"。这个评语可以说他是"当之无愧"。

但一个人做事，必定有其道理，张学良一生的行为，从心理学上看，倒是有明确的脉络可寻。

我从心理学的角度看，影响张学良一生的最主要的因素，是他和他的父亲的关系。

张学良的父亲张作霖，是土匪出身的政治家和军事家。他不仅一生身经百战，勇敢无畏，也极富政治头脑。从不名一文的小人物，一直成为东北三省的土皇帝。张学良作为他的长子，幼时颇受宠爱，甚至可以说一定程度上受到溺爱。长大后，又顺理成章地被父亲放到军队中培养，并获得了相当大的权力。

过于顺利的生活，养成了张学良和任何纨绔子弟一样的习惯，好色好玩；也使得他缺少一种珍惜——因为一切都是很容易得来的，所以失去时也不甚心疼，就像俗语所说"仔卖爷田不心疼"。这样的孩子，比较容易成为败家子。

而心理学告诉我们的不只是这些常识，还有一点是非常重要的，那就是这样被溺爱的孩子，往往在内心深处缺乏一种真正的自信——因为以前他所获得的一切，是因为他有一个好爸爸。他对自己的能力，在心中实际上是不摸底的。因此，被溺爱的孩子在心里，对父母实际上有深深的怨恨。其实他应该怨恨的是，他们剥夺了自己在风雨中艰难成长的机会。但是他们往往并不知道自己怨恨的是什么，因为他们自己也并不愿意真的在风雨中艰难成长了。因此，他们对父母往往有一种莫名的怨恨，潜意识中，有一种要和父母对着干，破坏父母的期望的愿望。

张学良就是如此。

在他父亲在世的时候，他表面上很风光，但是内心实际并不自信。这时他刚好遇到了一个人，郭松龄，这个人地位上比张学良低一点，但是才华却远远高于他。他刚好给了张学良需要的东西——自信。郭松龄的自信可以成为张学良的榜样，郭松龄的支持可以让张学良有"成绩"。因此，张学良对郭松龄是崇拜的。郭松龄在功能上，仿佛是张学良的另一个父亲。一个更不溺爱的，作为榜样的父亲。而且这个"父亲"比土匪出身的真父亲，还更加有学识和修养。

但不妙的是，郭松龄起兵造张作霖的反。张学良当然只能站在真正的父亲一边。于是他失去了"父兄"一样的郭松龄。

如果张作霖活得很久，张学良也许会在父亲对他的期望下，努力成熟起来；也可以在父亲的荫蔽下，继续当公子哥。但是不幸的是，在他还没有来得及成熟时，父亲被炸死了。

张学良继承了父亲的基业，继承了非常大的权力，但是可惜的是他还没有继承父亲的政治军事能力。像任何一个青年一样，他一定也很享受没有父亲管教的自由生活，更何况他喜欢也善于做公子哥。在他的意识中，他一定和一般青年人一样自恋，相信自己是个伟大的军事统治者。但是在他的潜意识中，一定会不安，因为他知道自己其实不是。

这种心理，可以解释为什么他会轻易投向蒋介石，让东北易帜，放弃独立的身份成为蒋介石手下的第二把手。因为，蒋介石很像一个父亲。而且在当时的全中国，比张作霖地位身份更高、权力更大的人，也唯有蒋介石了。投向蒋介石，张学良的心理感觉上，仿佛又可以回到以前有父亲撑腰的时候了，也就可以更放心地享受公子哥的生活了。

青年人喜欢逞能，于是张学良开启了和苏联人的战斗。我们可以看到，当时张学良还是去打了一阵子的，比起后来"九一八"的表现好得多。但是，不幸的是，当他战斗失利，希望蒋介石来帮助他的时候，蒋介石却没有出场，导致了他对苏联的失败。这个事件，一方面，使得他的自信严重下降，埋下了畏战的种子；另一方面，也让他对新的"父亲"失望而且怨恨。

到了"九一八"，张学良彻底不抵抗，一枪不放带着全体东北军逃离家乡。最主要的一个原因，就是这个没有"爹爹"保护的孩子吓着了。在许多年之后，张学良自己说起"九一八"，对日本人的畏惧之情还是溢于言表。另一个原因就是对蒋介石的怨恨："我打你也不会帮我，我干什么要为你卖力气。"

还有一个很有趣的原因是，我相信他在潜意识中，把日本人也当成是"父亲"看待。

"九一八"之后，张学良做了一件非常有趣而好笑的事情，就是给日本首相犬养毅去信，哀求犬养毅帮忙向关东军疏通，让关东军把扣押的私人财物还给自己，在信中还附上了一张作为谢礼的支票。这哪里像和有杀父之仇，夺土地之恨的敌国打交道啊。这分明是向一个"父亲"提出要求——你要做主，兄弟抢了我的，你要给我讨还。

"九一八"张学良的不抵抗，当然也有其他一些原因。比如，有人说因为张学良吸鸦片，可能是鸦片损害了他的精神，像其他吸毒者一样，他因此而缺少意志力和耻辱感。这当然也会是一个相关的因素。

如果张学良把蒋介石当父亲一样，为什么会有西安事变？这其实也并不奇怪。正是因为前面他把蒋介石当作父亲，对蒋介石有理想化的期望，后面的失望才更大。张学良被日本人赶出东北，他期望的是"父亲"能安慰和支持自己。却不料他却并没有这样做，反而让张学良去干费力不讨好的事情，打共产党。当然这会使得张学良以及东北军官兵，相当不满意。这显然没把自己当亲儿子嘛。心理学表明理想化破灭，是最容易激怒一个人的。更何况对"父亲"这样一个权威角色，儿子经常会有反叛的欲望；再加上逼蒋抗日也名正言顺；再加上当西北王的愿望……于是西安事变也就顺理成章了。

但事不由人愿，没想到苏联并不支持中国共产党，要求必须把蒋介石放回去。这样一来，张学良几乎是无路可走。劫持元首之罪，实在难于自处。这时候张学良又做出一个令人惊讶的举动，他负荆请罪，亲自送蒋介石回南京。为什么他不担心自己的生命安全呢？我们如果说他是有担当而不怕死，那么在东北为什么不敢和日军一战呢？如果说他是因为东北不抵抗的羞耻，使得他想做一件勇敢的事情来抵消，为什么不用勇敢战斗作为抵消呢？从心理上，我想他就像是蒋介石的一个"闯祸了的儿子"，虽然对不起父亲，但是相信父亲总是会给自己一个出路的——事实上也的确如此。

张学良可以说是被终身软禁，怜悯他的人会觉得蒋介石对他不够好。其实未必，蒋介石个人对张学良一直还是比较关怀的，虽软禁，但是待遇都还不错。这种方式，其实也很类似一个严厉的父亲，管教一个不成器的孩子的态度。蒋介石去世，张学良的挽联说："关怀之殷，情同骨肉，政见之争，宛若仇雠。"情同骨肉，正是体现了犹如父子一样的感情；宛若仇雠，也是青年人对父亲权威不满时的感受。这都说明了最终，张学良生活中最像父亲的人，还是选择了蒋介石。

所以说张学良虽然活了100岁，但是终其一生，也还是一个和父亲爱恨交织的孩子而已。

五虎断魂枪

　　老舍作为小说家，我个人认为是那个时代中最好的——不是每个人都同意这个观点，至少说是那个时代最好的小说家之一，应该是没有什么争议吧。

　　这个历史人物，也还是值得我们做一点心理分析的。

　　老舍是个什么样的人呢？

　　请允许我借用他的小说人物去理解他。借助一个人写的小说，来分析这个人的心理和性格，实际上是很"科学"的。在心理学中，这种方法叫作"作品

老舍

分析"。一个人的作品，或多或少总是含有他自己的心理印记的，因此对之进行分析，也可以让我们了解这个作者。

　　我读过老舍的很多作品，但那是很久之前的事情了。今天动笔写这个心理历史学的随笔时，我回忆了一下，在我心里浮现出来并且印象极为深刻的，不是大家熟知的《四世同堂》《骆驼祥子》等，而是《离婚》和《断魂枪》，而且这两部作品中的具体内容也都不太记得

了,《离婚》中我只记得第一句话,说"张大哥是一切人的大哥。你总以为他的父亲也得管他叫大哥";《断魂枪》我只记得那个沙子龙在夜深人静时,练完一套五虎断魂枪,抚着枪杆说"不传"。

对一个人进行心理分析,这个工作实际上并非是一个可以按部就班地做的工作。实际上心理分析的过程应该是,一个受过心理分析训练的人,用自己的心去感受那个你要去分析的人,然后得到对他的感同身受的理解,然后给出结果。我对老舍印象最深的两部作品,就是我的心对他最有感受的地方。如果我是一个合格的心理分析师,那么,这两部作品应该就能反映出老舍。因此,我不打算去查阅老舍的全部作品,我就从这两部作品,说说我对老舍的心理的理解。诸位读者如果有兴趣,不妨在看完我的书之后,读读老舍的作品,相信必定会加深对他的理解——更何况他写的东西那么好看,阅读他也是非常美好的人生享受。

"张大哥"是什么样的人呢?简单说,是一个很懂得人情世故,善良而八面玲珑的老好人。据老舍描写他的外貌:"长长的脸,并不驴脸瓜搭,笑意常把脸往扁处纵上些,而且颇有些四五十岁的人当有的肉。高鼻子,阴阳眼,大耳垂,无论在哪儿也是个富态的人。打扮得也体面。没有张大哥不爱的东西……他的经验是与日用百科全书有同样性质的。哪一界的事情,他都知道。哪一部的小官,他都作过。哪一党的职员,他都认识;可是永不关心党里的宗旨与主义。"这样的人,在任何时候任何地方,都可以过他那庸俗的、有滋有味的小日子,和谁都不会冲突。这是一个社会的适应者。

如果按照某些学派的心理学家所做的定义,对社会适应的人就是心理健康的人。那么，也许这个世界上没有比张大哥更健康的人了。

如果按照荣格的分析心理学理论，张大哥是"人格面具"格外发达的人。所谓人格面具，就是人内心中，那个善于而且喜欢适应社会和他人的部分。人格面具强，一个人就更容易和社会融洽相处。但是，人格面具也有不利于人的一面，那就是他容易使人变得肤浅。还有，他容易让人"失去自我"，也就是说太多考虑如何适应别人，会忘记自己想要的是什么，从而忘记自己真正的内心深处的需要，从而使自己越来越空虚。

我的分析是：老舍的心中，也有一个"张大哥"。他内心的这个部分，被他用来适应社会。所以大家能看到的老舍，常常就是这个张大哥样子的老舍，一个很懂得人情世故，善良而八面玲珑的老好人。

老舍的儿子回忆父亲时说："生活中的父亲完全是矛盾的。他一天到晚大部分时间不说话，在闷着头构思写作。很严肃、很封闭。但是只要有人来，一听见朋友的声音。他马上很活跃了，平易近人，热情周到，很谈得来。"在我看来，可能有人来的时候的那个平易近人，热情周到，和谁都能很谈得来的老舍实际上就是老舍心中活着的张大哥。

在意象对话心理学研究中，我们发现人实际上是由许多"子人格"组成的，每个子人格是这个人的一部分。张大哥就是老舍的一个子人格，虽然老舍也还有其他的部分。

现实中的老舍也很有适应性，比如在写作中，如果别人有需要，他完全可以不写小说，而写任何别人需要他写的体裁的作品。

抗战时，为了宣传，他可以写旧剧、写大鼓词、旧文体小说以及唱词；19年后也可以写《龙须沟》《茶馆》等话剧以及曲艺作品。这种"百搭"的适应性，并不仅仅因为他才华横溢，还因为他内心有一种"张大哥"式的，愿意适应社会的愿望。

但这只是老舍的一面而已——他会有很多面，有很多子人格——不过和这一面最不同，而最相关的另一面也许就是"沙子龙"。

小说中的"沙子龙"是武林高手，擅长五虎断魂枪，江湖上几乎从来没有过对手。但是，到了人们都使用手枪步枪的时代，这种武功并没有什么用处了。于是沙子龙就开了个客栈，不再使用也不再去提起自己的"当年之勇"。有人来挑战，有人来学武，沙子龙都不出手。只有在夜深的时候，他才自己练一练这五虎断魂枪。

我觉得这个形象也许才是老舍最认同的自己。武功超绝，但是生不逢时。在张大哥那随和的老好人的背后，有一个自负而悲凉的大师。如果自己的枪法，不能再用来震撼江湖，只能被用于卖艺，那么他宁肯不传，让五虎断魂枪随自己进棺材——这之中有一种信仰，不容亵渎。"他一天到晚大部分时间不说话，在闷着头构思写作。很严肃、很封闭"，这也许才是更深层的老舍，一个认真的、把写作当作信仰的老舍。

如果以"适应社会"作为心理健康的标准，老舍的这个部分或这个子人格，一定是心理很不健康的。但实际上，这个才是更真实的老舍，或者说更核心的老舍，也是更有创造力的老舍。

我理解，老舍心中的沙子龙，其实常常是抑郁的。但是只要"张大哥"还在，他就能够继续适应社会。但是，当"文化大革命"那

213

极度的侮辱来到的时候，"张大哥"已经没有办法适应了，于是张大哥崩溃了。而沙子龙认识到，"五虎断魂枪"的时代也完全过去了，于是他也就失望了。在这样的情况下，张大哥已经没有能力帮助他活下去，而沙子龙也完全没有兴趣在这样的世界活下去，于是他就选择了自杀。

老舍为什么会形成这样的一种个性呢？

和童年经验有一定的关系。

老舍的父亲是什么性格？老舍受到了他什么样的影响？这些我们缺少资料，也就不妄加揣度了。但我们知道他的父亲是死于八国联军打入北京的时候，推算一下那一年老舍大概是 11 岁。那之后，家里很穷，母亲靠给人家洗衣服养家。

根据一般的心理学经验，这样的家庭对孩子的影响，可能会走向两个方向：一个是孩子变得"懂事"，也就是孩子会尽量分担家里的担子，并且表现得比其他同龄人更为成熟。另一种可能是孩子放弃自己，走向堕落。但不论是前者还是后者，他的内心中安全感都会变得比较弱。前一种孩子因为缺少安全感，所以必须自己努力，并和母亲相依为命。后一种孩子因为缺少安全感，所以破罐破摔，不再努力。

显然老舍是前一种人，不过我们也可以知道，他内心应该是缺少安全感的。

"张大哥"的这一部分之所以能存在于他的心中，实际上正是因为他不得不学习适应社会，才能在一个不安全的世界活下去。张大哥的那种适应力，来源于一种察言观色的自我训练，而之所以要察言观色，正是因为内心不安全。张大哥表面上的开朗也不全是假的，因为当他适应成功时，当然是高兴的；但是这个表面上的开朗也不是真的，因为这背后是一种不得不如此的悲哀。

至于他身上的"沙子龙"，整体上来说，当然是更有自信的。这个自信来源于他的实力。但是，这个沙子龙更真实，也就更悲哀——因为有实力又如何，这个世界是无常的，你不知道会遇到什么样的境遇。而且，这个真正的你，越是优秀越是孤独，就越没有人能懂你。

老舍的心里，应该是很抑郁的。

我不会因此而轻视他，他虽然抑郁，但是依旧是非常罕见的奇才。

老舍身上的"张大哥"性格，也和"旗人"文化的影响很有关系。那个时候的旗人，要面子、讲规矩、礼数多，这些也辅助塑造了"张大哥"。而作为一个没落的旗人，那种自尊和自卑并存的矛盾，也影响了他的心理状态。

这种善良但缺少安全感的人，比较习惯于屈己从人、委曲求全，这也应当是他的内心痛苦和抑郁的一个来源以及他心理压力的一个来源。如果刚好他的父亲不在世，跟随母亲生活，心理学发现那么他在对待女性的态度上，也比较容易自我压抑。这是因为一方面他同情母亲，会不忍心反对母亲；另一方面他也会在心理上更为依赖母亲——用心理学术语来说，就是和母亲之间"有一种共生的关系"。而这种对待女性的态度，也往往会迁移到以后的婚姻中。其实对婚姻可能会是不利的，他也许会表现得对妻子很好，但是妻子却会总觉得内心并不满足，而他也常常感到委屈……当然，这仅仅是推测，我并未掌握任何这方面的具体信息。但，如果说他和妻子的关系会不够理想，我是肯定很相信的。最关键的是，他会感到很孤独。

这样的人，活得会很累。

从心理学的角度，我会理解他为什么用投湖的方式离开这个世界。因为投湖象征的心理意义是，回到母亲的子宫中，湖水可以象征着羊水。而回到母亲的子宫，则象征着安宁和平静以及安全。

因为在这个世界，这个敏感、善良的孩子没有找到安宁、平静和安全。

虽然蚌病成珠，他留下了太多的珍宝给这个世界。

姬别霸王

——论女性原型阿尼玛对男性自我的影响

一、动身前的准备

（一）阿尼玛，她是谁

作为荣格原型理论中的一个重点，阿尼玛被看作在男人身上的女性特质，是男人在漫长岁月中与女性交往时所获得的经验积累，借此男人可以了解女人。荣格认为："每个男人心中都携带着永恒的女性形象，这不是某个特定的女人的形象，而是一个确切的女性心象。这一心象从根本上来说是潜意识的，是镂刻在男性有机体组织内的原始起源遗传而来的要素，以我们祖先有关女性的全部经验的印记或原型，她仿佛是女人所给予过的一切印象的积淀……"

"由于这一心象本身是潜意识的，所以往往被不自觉地投射到一个所爱的人身上，它是情感好恶的主要原因之一。"我们会发现，哪怕是那种十分理智的男人，在坠入爱河后，也很难对自己的伴侣做出理性的评价。因为此时此刻，在他的眼中，她简直就是圣母玛丽亚的化身。所以，无论外投与否，我们对本质上是作为心象而存在的阿尼玛的认识，都是在心理现实层面上的。

（二）对女性的认识

关于女人，我们有着这样三种心理现实：

第一，对于一个男人的成功，人们总要将其和他身边的某个女人扯上关系。作为母亲，有家喻户晓的"孟母三迁"的佳话；作为妻子和爱人，我们知道黄蓉和郭靖闯江湖的故事。伟人和英雄的成长离不开女性的支持与帮助。

第二，女人往往作为沟通的媒介使得原本敌对的双方增进彼此了解，和睦相处。在汉代，昭君出塞，远嫁匈奴，她不但劝说丈夫呼韩邪单于不要与汉朝树敌，还将中原文化传到匈奴。在这之后的六十余年中，汉与匈奴没有了战争。

第三，"女人是祸水"——"温柔乡"似乎是所有英雄人物的葬身之地。刘备为了女人而不思回荆州；周幽王为博美人一笑，搞了个烽火戏诸侯。杨玉环、陈圆圆也都被扯入了男人们的争斗之中，脱不了干系。正所谓"英雄难过美人关"。

在上面的描述中，我所举到的一些事件，在历史上确有其事。我将它们均归于心理的现实，确有欠妥之处。然而，我的理由是这样的，作为历史本身来讲，是不存在十分确定的真实性的，因而其在传承的过程中，就会越发被人为地"故事化"。我们知道，神话、故事、传说，之所以能与我们的内心产生共鸣，是因为它们更加接近我们心灵中命运的原型。弗洛伊德就曾这样说过，"如果说俄狄浦斯王这一悲剧感动现代观众的力量不亚于他感动当时的希腊人，唯一可能的解释就是，这种效果并不出于命运与人类意志之间的冲突，而是在于其所举出的冲突情节中的某种特殊天性。在我们内心中，必定有某种呼声，随时与俄狄浦斯王命运中那种强制力量发生共鸣"。因而从某种意义上说，任何一个有意义的历史事件，都终将成为不折不扣的心理现实。

从另一个角度来说，一切外部的现实都可以看作心灵的外显——任何被视为具有意义的事件，都是为了顺应命运而发生的。所以，苏格拉底讲道"认识你自己"。这实际上是说在我们的内心中已经具有一定与世界本原相符合的原则，我们应该先对这些心灵中的原则有所认识，然后依此来规定外部的世界。

那么，在之前提到的三种心理现实中，所反映出的正是作为潜意识存在的阿尼玛与意识自我的关系，即阿尼玛帮助心灵建构自我意识。然后是阿尼玛将潜意识中的信息，传达给意识自我，在第二种心理现实中，匈奴往往被当作未开化的蛮夷，因而其象征潜意识。

最后，由于本身所具有的不确定性，阿尼玛往往又是一切英雄（强大的自我意识）的坟墓。在人们一贯的心理现实中，伟人、英雄成就大业多与女人密不可分，但同时又都是毁于女人之手，这表明阿尼玛有成就英雄的意愿，她引领人们不断向最典型的英雄形象靠近，当达到完满的英雄形象时（与英雄的原型更加接近），就会亲手将其毁掉，使其重新回归于潜意识。其实这种所谓不确定性，只是有限的意识生命眼中的看法，然而在永生轮回的潜意识和原型看来，这不过是海平面上从波峰到波谷，再到波峰，如此反复的微小而平常的变化而已。

当我们从心理的现实这一层面出发，来描绘和评价那些出现在神话、传说，以及文学和影视作品中的女性形象时，她们已然被看成是阿尼玛的代言人。下面，我们将跟随这些女性形象的引领，一同去拜访深居于我们心灵之中的那个女性原型。

二、拜访阿尼玛

（一）"伟大的母亲"

在《释梦》一书中，弗洛伊德近乎臆断地说道："在梦中出现的场景里，人物是男性性器，周围的环境则代表女性性器官。"这句话乍一听上去让人觉得摸不着头脑，甚至会引起反对"泛性论"者的不满和指责。我个人不敢说对弗洛伊德心理学有多深的认识，但我以为，正像他的释梦方法那样——分析简化法，弗洛伊德在很多问题上总是能一针见血。

泛性是狭隘的，但"性器官"本身在弗洛伊德眼中，其意义也绝非只停留在生理解剖学上。或者，我们可以这样说，在梦中，人物是男性的，而其所存在的环境，则是女性的。此时，便涉及另一种释梦法，即荣格的"综合建构法"。

综合建构实际上是一个"放大"的过程，应用这一方法，将一些现实层面的东西还原成为人们心中所固有的某种心理内涵。当然，其前提是承认外在于我们的世界，是我们心灵的象征和外显。比方说，在我国古代，有为女人"裹小脚"的习俗，目的是要将女人禁锢在家中，不让其抛头露面，以求达到一种大门不出，二门不迈的理想女人的状态。这一行为，无疑是鄙陋的，缺乏人性的。而当我们抛开诸如伦理道德、社会准则这样的外部现实，去审视其背后的心理内涵时，不难得出这样的结论：我们的社会文化是以男性为主导地位而建立的，处在这样一个外部世界中，人的活动绝大部分又都是意识的。因而，一切和女性有关的内容都应驻足于潜意识，停留在我们的心灵之中，不得直接进入意识里来。或者，更进一步来说，这一行为被放大后展现出的正是我们深层心理的模型——"阿尼玛是一个自然的原型，她令人满意地概括起潜意识所有的供述……"俄尔普斯历尽千辛万苦来到冥府，终用优美的琴声打动了冥王，获准将爱人欧律狄克带回人间。就在他们已然瞥见射进地府大门的阳间的光亮时，俄尔普斯违反了约定，他回头了——欧律狄克被永远地留在了阴间。

同样，在另一个心理维度上，应用综合建构的方法，在论述三与四的宗教象征意义时，荣格说道，"在很多宗教主题中，'三'代表的是一种平衡，它具有绝对的男性性质。而第四种元素的出现则预示着'恶''混乱'——'四'通常代表的是以女性形象人格化的潜意识——阿尼玛"。三与四的主体随处可见：巴黎的埃菲尔铁塔、古埃及的金字塔、方尖碑，等等。我们中国人所说的"天圆地方"和亚里士多德对"天界与地界"的划分，也都在表达同样的含义。虽然"三"在大部分场合下无疑是被突出的部分，而"四"却又是作为"三"的前提和根基而存在的——"阿尼玛是意识后面的生活，不可能与意识完全联系在一起，但意识却必须从她之上产生，因为精神生活的大部分归根到底都是潜意识的，它从四面八方将意识包围起来……"

就像母亲给予了我们生命一样，作为潜意识而存在的"阿尼玛"

同样也是意识自我的孕育者。在《水与梦》中，加斯东·巴什拉引用了伯纳巴特夫人的说法，"自然界是一位无比阔大的，永恒的和投射到无限中去的母亲"。在任何一幅画面中，人物或角色都来源于其背景或环境。正因为如此，阿尼玛总是有着成就英雄的意愿。比如说《射雕英雄传》中的郭靖，他从一个初入江湖的傻小子逐渐成长为赫赫有名的大侠、大英雄，这一切无疑要归功于黄蓉的帮助。

如我们所知道的那样，很多男人的成功都与其背后的女人密不可分。有一则古埃及神话，就讲述了这样一个故事：塞特用残忍的手法杀害了其兄奥西里斯，并篡夺了他的王位。几年以后，奥西里斯的儿子何鲁斯长大成人，他决定夺回王位。但仅凭何鲁斯的力量是无法与赛特抗衡的，毕竟小小的鹰神远不是拥有无穷混乱力量的风暴之神的对手。这天，何鲁斯的母亲——伟大的丰饶和魔法女神伊西斯趁太阳神拉熟睡时，取了几滴拉的口水，拌上泥土，施以魔法，变成了毒蛇。随后她将蛇放在了太阳神每天出巡的路上。被蛇咬伤的拉危在旦夕，除伊西斯之外再没有哪位神可以为拉驱毒，而伊西斯开出的条件则是要拉将自己秘密的名字告诉何鲁斯。在得到拉的秘密的名字后，何鲁斯一跃成了站在拉肩头的神鹰，象征了初升的太阳，并获得了对人间的统治权。

神话中写道，"此后（得到拉的名字后），何鲁斯便拥有了太阳神一半的神力——"拥有了拉的名字，也就拥有了拉的强大的自我。我们看到，伊西斯并不向往无尽的神力和至高的权利，她一心只想将儿子何鲁斯扶上太阳神的宝座。

代表初升的太阳的何鲁斯，象征了从潜意识中脱颖而出的自我意识。而精通魔法，又善用诡计的伊西斯则是故事中典型的"阿尼玛"。她不喜欢出人头地，却成就英雄；同时，她不直接出现在自我意识之中，却躲在潜意识中帮助心灵建构自我。

值得一提的是，何鲁斯的妻子，埃及另一位著名的丰饶女神——哈托儿(伊西斯掌管农作物的丰收，哈托儿掌管生育)习惯上被看成是何鲁斯母亲(即伊西斯)的一个分身或另一个形象。

在这儿，妻子和母亲交织在一起。《圣经》中曾记载了和耶稣有关的多个玛丽亚，其中就包括耶稣的母亲和妻子。在梵蒂冈的圣彼得堡大教堂矗立着著名的雕塑作品"圣母怜子"——圣母玛丽亚怀托着受难的耶稣，其作者米开朗琪罗将圣母诠释成一位面目清秀，身形娇小的妙龄少女，使其看上去给人的感觉更像是耶稣的妻子，而不是母亲。

在小说《神雕侠侣》中，最终小龙女和杨过是恋人的关系，而无论是作为社会道德规范存在的其他江湖中人，还是起初的杨过本人，都将小龙女认同为"杨过的母亲"。小龙女所带给杨过的冰清玉洁的"圣女"形象，无疑也是来源于母亲意象在分化过程中的一个侧面——"好妈妈"。

无论是母亲还是妻子，都是阿尼玛外投的对象。但是，比起任何一个恋人、伴侣或是梦中情人，母亲作为外投对象具有先天的优势。"作为男性的女性意象——阿尼玛最初的化身，'母亲'事实上最先将整个无意识进行了人格化。"虽然，这并不是说"母亲"就代表了整个潜意识过程，但却告诉我们，这位潜意识中的，被荣格称为"伟大的母亲"的阿尼玛，在自我意识的孕育和建构过程中，起着如此至关重要的作用。

(二)空中楼阁——男性自我的悲哀

建构自我的过程就像是在盖房子,这一点学过意象对话心理学的人再熟悉不过了。在做意象对话时,我们就经常去"看房子"。在这儿,房子象征了自我。它的外形、材质、构造,以及屋内的物品、摆设、布置、风格等都可以直接或间接地反映出房子主人的一些特有的心理内涵。比如,房子的地板上有一个入口,直通到地下室,那么在这儿,地下室就象征了潜意识,走下去,也就进入潜意识的世界。

下面,我所描述的两类房子的结构特点,都可以被看作与潜意识脱节的象征。

其中一种是架在空中的房子:在意象中,房子离地面有一定的距离,好像是傣家的竹楼那样,盖在了半空中。房子主人描述说,在房子的周围有时会有蛇出现,这样盖房子是为了防止蛇爬进屋内。

蛇的象征意义显而易见,我们可以猜到,房子的主人为了抵制来自潜意识中的欲望,将自己束之高阁。这使我想到了《巴黎圣母院》中的副主教弗洛罗。他绝对忠诚于他的信仰,且对教义和教规有着极深的造诣。他那不容冒犯的权威感让人望而生畏。为了苦守在人们心中建立起的崇高而完美的形象,弗洛罗痛苦地压抑着自己的欲望。

阿尼玛是沟通潜意识自我与意识自我的媒介,她直接从潜意识中获取能量,这种能量是本能,是欲望,是生命重要的组成部分,她将其与生命本身一并赋予意识自我。很自然的,阿尼玛将其自身与所附带的心理能量投向我们周围的女性。压抑得越久，所积蓄下的心理能量也就越多。

以前，水手们一经出海，常常就是几个月，身边没有女人，阿尼玛也就失去了外投的对象。如此这般，久而久之，携带着大量心理能量的原型阿尼玛就会直接撞击人的心灵。于是，作为一种心理现实，便有了这样一个凄美的传说：美人鱼倚坐在海中的礁石上，她们用令人陶醉的歌声引诱过往的船只触礁。在这里，美人鱼不仅具有典型的象征意义，我们甚至可以认为她本身就是一种原始意象。

同样，对于弗洛罗来说，迟早有一天，欲望的洪水将冲破理性的堤坝。

这一天，埃斯美拉达出现了。美丽的脸蛋，婀娜的身姿，火红的长裙，她的魅力足以让任何一个男人为之神魂颠倒，意乱情迷。当我们的副主教大人斥责埃斯美拉达为魔鬼时，当他将少女（即埃斯美拉达）的精彩表演视为妖术时，他心中的女性原型早已和眼前的"阿尼玛"产生了强烈的共鸣。

值得注意的是，这里有一个极具象征意义的动物形象，就是伴随埃美拉达左右的那只山羊。在欧洲的很多神话传说中，山羊是森林之神"潘"（也作牧神）的化身。潘长着人的上身，山羊的下身，头顶上还生有一对羊角。相传潘深爱的姑娘化作了一根苇秆，伤心的潘用它做成牧笛，每当思念之情涌上心头，他便将笛子吹响。任何听到笛声的人，哪怕是精灵，都会迷失心性，坠入爱河。故而，在大行禁欲主义的中世纪时代，人们常常将山羊与魔鬼的形象结合在一起。

　　山羊的出现可谓是点睛之笔，它让埃斯美拉达的形象近乎完美地接近于心灵中的女性原型，并使其成为阿尼玛最理想的外投对象。正是这内外兼具的强烈震撼，将弗洛罗意识的壁垒震得粉碎。因为长期的压抑，使得这位曾经不可一世的高贵神甫欲火焚身，兽性大发。高高在上的信仰成了名副其实的"空中楼阁"——最后就连弗洛罗本人的下场也应了那句话，"爬得越高，摔得越惨"。

　　房子只有盖在地面上才会牢固，如同希腊神话中所说："地母盖亚给予了我们力量，只有脚踩大地，才能所向匹敌。"

　　另一类房子似乎是"拔地"而起，但却像是看不到根基的摩天大楼：房子很高，有时甚至像"世贸大楼"那样直耸入云。同时，房子的主人在描述时还会多多少少地带有一种自豪感。可是，房子靠近地面的部分似乎是被雾遮挡住一样，模糊不清。给人的感觉就好像是用障眼法变化出来的那样，看得见，却走不近。

　　这类房子有着典型的男性意向的象征，它代表了强大的意识自我。我们知道，意识的世界是常变常新的，因而在亚里士多德看来，"天界"是不朽的。我们用各种各样的手段延伸和增强感官的认识，并且气喘吁吁地追赶"天界"的脚步。然而，如此这般的后果就是使我们现代人与自己的心灵逐渐疏远。就好比是远征的军队，因为先头部队冲得太靠前，战线拉得过长，失去了后援。说到这儿，我突然想到了金庸的武侠小说，从《天龙八部》开始，一直延伸到《倚天屠龙记》，带给我一个很强烈的感觉——中原武林是一辈儿不如一辈儿。到韦小宝时，有了火枪和"红衣大炮"，武功就变得无关紧要了。就像希腊神话中所说的，"最早被造出来的人是黄金时代的人，他们甚至可以与奥林匹斯的众神平起平坐，这之后的人被称作白银时代的人，他们死后，灵魂尚可变为魔鬼，徘徊于地狱和人间……"再往后，人就成了"青铜"和"黑铁"，其能力也就大不如前了。——人越依赖机械和工具，就越无能。

也许，这是我们现代人的命运，但同时，也是意识自我的悲哀。西格弗里德没有在意妻子克里姆尼德的不安感，执意前去狩猎，最终遭遇了哈根的暗算。男性自我的过度膨胀和自以为是使其渐渐忽视和远离了身后的阿尼玛——没有了潜意识作为支持的意识自我，自然也就失去了生命力。

在一次意象对话课上，大家讨论了"吸血鬼"的意象。吸血鬼是传说中受到诅咒的生命，但它同时又不具备生命，因而也被称作"吸血僵尸"。他们依靠吸取他人的鲜血存活着，而鲜红、涌动的热血正象征了生命力。吸血鬼不但身手矫健，而且鬼魅、性感，对人颇具吸引力。但这一切似乎只是一种高超的表演技能，如同他们的肤色那样，吸血鬼的生命没有真正的活力。他们只能在夜晚出没，如果说白天是意识的世界，那么无疑黑夜则是潜意识的王国。吸食夜晚生物的血液，表明了其对潜意识能量和生命力的渴求。

如果不触犯禁忌，吸血鬼便可无休止地延长自己的存在。随着时间的推移，他们的积怨越来越深，离创伤的原点也愈发遥远。因而，对于意象中的吸血鬼的治疗，没有捷径可言。

在小说《夜访吸血鬼》中，主人公路易作为其中的一员，发现吸血鬼有着充裕的时间来学习。文学、艺术以及各种门类的科学知识，可以帮助他打消这永无止境的"生命"。然而，路易却提出了一个哪怕是资历最老的吸血鬼也为之迷茫的问题，那就是"为何会存在吸血鬼，第一个吸血鬼是谁?"于是，在最后的三分之一篇幅中，路易踏上了他的"寻根之旅"。放弃对眼前的执着，拨开层层迷雾，找寻自我的根基，艰难而痛苦，虽充满希望，但又频繁出现失望，路易所走的正是这样一条自我救赎的道路。

一般认为，最早出现的吸血鬼是《圣经》中人类始祖亚当的长子该隐。他因杀死自己的兄弟亚伯，而受到诅咒，成了既非生，亦非死的吸血鬼。然而，我们知道，吸血鬼传说的盛行，并最终成为一种文化，却是在十字军东征之后。

相传，最负盛名的吸血鬼"德古拉"伯爵，曾是一名十字军东征时的将领。在一次激烈的战役过后，后方接到了德古拉战死沙场的战报。日夜盼望丈夫平安归来的妻子伤心欲绝，于是，在德古拉侥幸从死人堆中爬起来时，他挚爱的妻子却跳入了深潭。战争结束了，回到家乡的德古拉得知妻子的死讯后，万念俱灰，带着丧妻的伤痛和对信仰的诅咒，他变成了吸血鬼。

我们知道，十字军的骑士们原本是自己信仰的捍卫者和虔诚的布道者。然而，没过多久，随着基督教势力的不断壮大，十字军成了教会用来屠杀异教徒的工具。东征时，他们一手捧着信仰，另一手则举起宝剑，要么信仰上帝，要么就人头落地。因而，在故事中，东征的十字军象征了男性权威和强大的自我意识。这种近乎痴狂的自以为是，使得意识自我与潜意识之间的鸿沟逐渐加深。对德古拉战死的"误报"象征了意识与潜意识彻底失去了联系。这时的阿尼玛便重新隐没于潜意识的深潭之中，不再为意识自我提供任何能量和动力。

在这儿，我发现了一个值得注意的地方，吸血鬼虽然性感且极具魅惑力，但却没有真正的性。"性"是男性的世界与女性的世界沟通的媒介，是意识自我与潜意识自我之间神圣的婚礼。它将太阳和月亮炼在一起，使自我整合内外经验后，实现创造。没有性也就意味着拒绝和潜意识（阿尼玛）沟通，难怪吸血鬼大都只是知识渊博，却缺乏真正的智慧。

不论是意象中的摩天大厦，还是现实中的世贸大楼，都成了真正的"巴别塔"。

（三）英雄的宿命

即便是我们顺应阿尼玛的意愿，聆听那个来自内心的女性的声音，与阿尼玛打交道时，也同样具有一定的危险。这缘于女性的最大特点——阿尼玛本身所具有的不确定性。

荣格在他的自传中这样写道："女性意象所说的话，处处充满了狡狯。要是我把潜意识的这些幻觉当作艺术——我便会觉得对它们不负道德责任。这时，女性意象便可能很容易诱使我相信我是一个被人误解的艺术家，而我那所谓艺术天性便可以使我有权忽视现实。要是我听她的话，她很有可能在某一天对我说，'您设想您正忙着写的胡说八道确实是艺术吗？根本不是的。'这样，女性意象这种潜意识的喉舌的讽刺，便能把一个人完全毁掉。"

阿尼玛用她的智慧和热情将一个个初出茅庐的毛头小子一步步地扶上英雄的王座。当意识自我达到完美的波峰状态时，即一个强大的男性自我与英雄原型近乎一致时，也是阿尼玛撒手离去的时候。

来看看亚瑟王的故事吧，这位伟大的国王从拔出"石中剑"，到金戈铁马创下无数丰功伟业，在十二次大获全胜之后，几乎统一了整个英格兰。正是在如日中天的时候，一次偶然的宴会上，王后奎尼薇尔爱上了第一骑士蓝斯诺特。因为他们的感情，圆桌骑士们从此不欢而散，各奔东西。在与叛军的大决战时，亚瑟手下的魔法师梅林因受到女巫尼莫的诱惑，没能助国王一臂之力。这位伟大的国王，被沉入了湖底。

因为要从阿尼玛的角度来诠释英雄，于是在写这篇论文时，我找来了以前读过的一篇张爱玲的散文《霸王别姬》。文章描写了虞姬在自刎前几个时辰内的心理活动："她想到自己曾像影子一样跟随项王，经过漆黑的暴风雨之夜，经过战场上非人的恐怖，也经过饥饿、疲劳和颠沛。她自比为反射光和力的月亮，以项王的壮志为她的壮志，以项王的胜利为她的胜利，以项王的痛苦为她的痛苦。"

当召唤霸王"回归"的楚歌四起时，就在此刻，站在项王睡榻前的虞姬脑海里产生了一个想法——布篷上悬挂着的那把佩剑会不会忽然跌下来刺进他的胸膛——如果他在梦到未来的光荣时忽然停止了呼吸。她被自己的思想骇住了——在最后一次厮杀的号角吹响之前，虞姬将小刀迅速地刺进了自己的胸膛。

"霸王别姬"，是完全男性视角上的认识，而事实上，阿尼玛是主动离英雄而去，并使其陷入孤助无援的境地。从一手将英雄扶起，到让他飞黄腾达，最后再亲手将其拖回潜意识的深潭，这似乎就是英雄的命数，但更是阿尼玛的命运。

就像是童话故事中一样，那个每天用长发将王子拉上高塔的美丽的"莴苣姑娘"，和那个将王子推下高塔，使其刺瞎双眼的丑陋的老巫婆，这二者其实是一体的，是同一个阿尼玛。难怪"莴苣"会近乎故意似地问巫婆，"为何每次拉您上来时会觉得比拉王子重得多？"

对于阿尼玛的所谓不确定性，其实只是来自有限的意识生命的界定。阿尼玛是集体潜意识中的原型，不是意识层面的生命体。她的存在，是永生的轮回。她同时是"过去""现在"和"未来"三位女神。

（四）阿尼玛的供述

太阳在黎明升起，在傍晚落下。意识中的一切，都终将回归到生命的原点。母亲给予了我们生命，出生预示了死亡，对任何人来说，生命的结束都可以看作重回母亲的怀抱。如同荣格对"伟大母亲"的描述，"阿尼玛——她既创造也毁灭；既带回生命也进行阉割；既带来恐怖也提供保护——"她是伊西斯、哈托尔、娜芙提斯和贝斯特；她也是赫拉、厄里倪厄斯、潘多拉和塞赫迈特；她是黄蓉、小龙女和王语嫣；她也是赵敏、李莫愁和叶二娘……

（五）尾声

从被给予了意识的生命那一天开始，我们便对这位伟大的母亲有着深深的眷恋。无论是艺术家、文学家、人类学家还是心理学家，对这一主题都有着浓厚的兴趣。因而对于阿尼玛的探讨，是永恒的话题。

几个月前，在一个梦中，我作为一个远行的骑士，身披银白色的铠甲，腰里挂着重剑，骑在一匹高头大马之上。途经一条小溪时，恰好我觉得口渴难耐，便下马到溪边饮水。我整了整马鞍，走到了溪水中。我发现溪水在不远处汇集成了一个水潭，其中站了一个少女。她显得有些瘦弱，低着头，长发几乎挡住了她的脸，但我却可以感到她的美丽。溪水漫过了她的腰际，也刚好没了我的剑柄。我有一种欲望，想要告诉她我在旅途中的见闻。当我正要开口时，突然，她整个人变成了一张血盆大口，似乎要将我吞没……

（史晋）

参考文献

柏杨. 丑陋的中国人. 苏州：古吴轩出版社，2004 年版

班固. 汉书·陈胜项籍传. 天津：天津古籍出版社，1999 年版

班固. 汉书·高帝纪. 天津：天津古籍出版社，1999 年版

班固. 汉书·第七卷. 北京：中华书局，2002 年版

陈寿撰，裴松之注. 三国志. 北京：中华书局，1982 年版

陈寅恪. 魏晋南北朝史讲演录. 贵阳：贵州人民出版社，2007 年版

陈志贵. 唐太宗. 长春：吉林文史出版社. 2004 年版

范文澜. 中国通史简编. 北京：中华书局，1987 年版

范文澜，蔡美彪. 中国通史第十一卷. 北京：生活·读书·新知三联书店 2007 年版

冯川. 荣格文集. 北京：改革出版社，1997 年版

韩国磐. 隋唐五代史纲. 北京：人民出版社，1977 年版

黄存艳. 细说唐太宗. 上海：上海人民出版社，2005 年版

黄希庭. 人格心理学. 杭州：浙江教育出版社，2002 年版

李敖. 北京法源寺. 北京：中国友谊出版公司，2000 年版

李清照. 李清照诗词选. 北京：中华书局，2005 年版

林语堂. 中国人. 上海：学林出版社，2001 年版

梁启超. 梁启超全集. 北京：北京出版社，1999 年版

刘安. 淮南子·泰族训. 北京：华夏出版社，2000 年版

刘晓晖. 通往永恒的路——埃及神话. 北京：中国青年出版社，2003 年版

孟子. 孟子·尽心上. 长沙：岳麓书社，2000 年版

钱穆. 国史大纲. 北京：商务印书馆，1996 年修订第三版

三湘体育人物志. 长沙：体育局出版社，2002 年版

沈从文. 中国服饰史. 西安：陕西师范大学出版社，2004 年版

思妃. 大唐盛世. 长春：吉林摄影出版社，2004 年版

沈德灿. 精神分析心理学. 杭州：浙江教育出版社，2005 年版

司马光. 资治通鉴. 北京：改革出版社，1995 年版

司马迁. 史记·淮阴侯列传. 天津：天津古籍出版社，1999 年版

司马迁. 史记·项羽本纪. 天津：天津古籍出版社，1999 年版

司马迁. 史记. 杭州：浙江古籍出版社，2000 年版

谭恒辉，谭吟瑞. 嗣同公生平事迹补遗.

谭嗣同. 谭嗣同全集. 北京：生活·读书·新知三联书店 1951 年版

谭嗣同. 步襄府君家传. 北京：生活·读书·新知三联书店 1951 年版

谭嗣同. 仁学. 沈阳：辽宁人民出版社，1994 年版

谭嗣同. 角声. 北京：生活·读书·新知三联书店编辑兼出版，1951 年版

谭嗣同. 谭嗣同全集·题残雪琴铭. 北京：生活·读书·新知三联书店 1951 年版

谭嗣同. 谭嗣同全集·有感一章. 北京：生活·读书·新知三联书店 1951 年版

谭嗣同. 谭嗣同全集·狱中题壁. 北京：生活·读书·新知三联书店 1951 年版

谭嗣同. 仁学·北游访学记. 沈阳：辽宁人民出版社，1994 年版

王波. 十大枭女. 喀什：喀什维吾尔文出版社，2002 年版

王波. 十大将帅. 喀什：喀什维吾尔文出版社，2002 年版

吴枫，常万生. 则天女皇. 长春：吉林文史出版社，2004 年版

吴思. 血酬定律：中国历史中的生存游戏. 北京：中国工人出版社，2001 年版

吴思. 潜规则：中国历史中的真实游戏. 昆明：云南人民出版社，2001 年版

武俊平. 毛泽东诗词品读. 乌鲁木齐：新疆人民出版社，2003 年版

易中天. 汉代风云人物. 北京：东方出版社，2006 年版

臧风宇. 经验与教训. 哈尔滨：哈尔滨出版社，2004 年版

张爱玲. 张爱玲文集. 北京：中国华侨出版社，2002 年版

〈清〉·张廷玉等撰. 明史·惠帝纪. 北京：中华书局，1974 年 4 月版《明史》重印本

赵敦华. 西方哲学简史. 北京：北京大学出版社，2001 年版

赵剑敏. 细说隋唐. 上海：上海人民出版社，2002 年版

诸葛文. 中国历代秘闻轶事. 北京：京华出版社，2004 年版

朱和平. 中国服饰史稿. 郑州：中州古籍出版社，2001 年版

朱建军. 我是谁. 北京：中国城市出版社，2001 年版

朱建军. 心灵的年轮. 兰州：敦煌文艺出版社，2004 年版

朱建军. 中国的人心与文化. 太原：山西人民出版社，2008 年版

朱孟阳. 细说唐代二十朝. 北京：京华出版社，2005 年版

[法]雨果著. 施康强，张新木译. 巴黎圣母院. 南京：译林出版社，1995 年版

[法]加斯东·巴什拉著. 顾嘉琛译. 水与梦. 长沙：岳麓书社，2005 年版

[英]德里克－帕克，朱丽亚－帕克著. 孙雪晶等译. 魔法的故事. 西安：陕西师范大学出版社，2003 年版

[英]拉尔夫·伊利斯著. 李旭大等译. 耶稣——最后的法老. 西安：陕西师范大学出版社，2003 年版

[德]雅各布－格林，威廉－格林著. 杨武能，杨悦译. 格林童话全集. 南京：译林出版社，1993 年版

[德]古斯塔夫－施瓦布著. 戴欢译. 诸神的传说——希腊神话故事. 呼和浩特：内蒙古人民出版社，2003 年版

[瑞士]荣格著. 刘国彬译. 荣格自传. 北京：国际文化出版公司，2005 年版

[奥]弗洛伊德著. 孙名之译. 释梦. 北京：商务印书馆，1996 年版

[奥]阿德勒著. 李心明译. 挑战自卑. 北京：华龄出版社，2001 年版

［美］安妮－赖斯著．姜秋霞等译．夜访吸血鬼．南京：译林出版社，2002 年版

［美］黄仁宇．China：A Macro History．Armonk，New York：M. E. Sharpe．1988．

程远．试论项羽的复仇心理．长安大学学报（社会科学版），2003，12：6－10．

胡波．历史心理学的价值与意义．广东社会科学，1993，1：100－105．

刘锡娥．爱霸王不爱江山——项羽成败归因论．语文学刊，2004，2：31－33．

王关成．汉大将军韩信悲剧根源探析．咸阳师范专科学校学报，2001，2：36－38．

魏华仙，韩隆福．关于历史心理学的思考．益阳师专学报，1999，4：87－90．

徐澄清．李世民纳谏的前后变化．炎黄春秋，2002，2：70－72．

赵俊芳．近 20 年来历史心理学研究论评．吉林师范学院学报，1999，3（第二十卷第二期）：54－58．

渠传福．破解狄仁杰家世之谜．山西日报，2003（1）：15

史式．李世民是一个有德明君吗．今日中国（中文版），2002，8：123－126．

翟旺．历史上太原的森林状况和生态环境．太原日报，1998（3）：12

羌族史．见 http：//www. sclib. org/SCCRN/qzwh/bottern. htm

Baumeister R．How the self became a problem：A psychological

review of historical Bond, M. H. The psychology of Chinese people. Hong Kong: Oxford University Press, 1987

Brenner C. An Elementary Textbook of Psychoanalysis. Anchor, 1974

Chan, W. The story of Chinese philosophy. In C. A. Moore (Ed.), (1967)

Ebrey P. B The Chinese mind: The Cambridge Illustrated History of China. Cambridge University Press, 1996

Hall C. & Nord V. A Primer of Jungian Psychology. New American Library, 1973

Humbert. E. C. G Jung. The Fundamentals of Theory and Practice. Chiron Publications, 2006

Munro, D. The concept of man in early China. Stanford University of Michigan Press, 1969

Roeckelein Jon E. Imagery in psychology a reference guide. Praeger, 2004

Roufledge and Kegan paul. The Collected Words of Jung, vol. 1—20. Ltd. London

Twitchett Denis, Crispin. Fairbank, John King The Cambridge history of China. Cambridge University Press, 1978

Twitchett. D. F. Crispin. , K. John. The Cambridge history of China. Cambridge University Press, 1978

图书在版编目(CIP)数据

中国历史名人的个性解读／朱建军著.—北京：北京师范
大学出版社，2015.5（2020.2重印）
（朱建军作品系列）
ISBN 978-7-303-18013-4

Ⅰ．①中… Ⅱ．①朱… Ⅲ．①历史人物-个性心理学-
研究-中国 Ⅳ．①K82②B848

中国版本图书馆 CIP 数据核字（2014）第 222124 号

营 销 中 心 电 话　010-58802181 58805532
北师大出版社高等教育分社网　http://gaojiao.bnup.com
电 子 信 箱　gaojiao@bnupg.com

ZHONGGUO LISHI MINGREN DE GEXING JIEDU
出版发行：北京师范大学出版社 www.bnup.com
　　　　　北京新街口外大街 19 号
　　　　　邮政编码：100875
印　　　刷：三河市兴达印务有限公司
经　　　销：全国新华书店
开　　　本：148 mm×210 mm
印　　　张：7.75
字　　　数：190 千字
版　　　次：2015 年 5 月第 1 版
印　　　次：2020 年 2 月第 3 次印刷
定　　　价：39.80 元

策划编辑：何　琳　　　　责任编辑：何　琳
美术编辑：王齐云　　　　装帧设计：红杉林文化
责任校对：李　菡　　　　责任印制：马　洁